陈怀炯先生（一）

陈怀炯先生生活照（一）

陈怀炯先生生活照（二）

陈怀炯

川派中医药名家系列丛书

陈若雷 主编

中国中医药出版社

·北 京·

图书在版编目（CIP）数据

川派中医药名家系列丛书.陈怀炯 / 陈若雷主编 . — 北京：中国中医药出版社，2018.12（2025.5重印）

ISBN 978 – 7 – 5132 – 5000 – 9

Ⅰ.①川…　Ⅱ.①陈…　Ⅲ.①陈怀炯—生平事迹　②中医临床—经验—中国—现代　Ⅳ.① K826.2　② R249.7

中国版本图书馆 CIP 数据核字（2018）第 105439 号

中国中医药出版社出版

北京经济技术开发区科创十三街 31 号院二区 8 号楼
邮政编码　100176
传真　010-64405721
河北省武强县画业有限责任公司印刷
各地新华书店经销

开本 710×1000　1/16　印张 11.5　彩插 0.5　字数 197 千字
2018 年 12 月第 1 版　2025 年 5 月第 4 次印刷
书号　ISBN 978 – 7 – 5132 – 5000 – 9

定价　49.00 元
网址　www.cptcm.com

服 务 热 线　010-64405510
购 书 热 线　010-89535836
维 权 打 假　010-64405753

微信服务号　zgzyycbs
微商城网址　https://kdt.im/LIdUGr
官 方 微 博　http://e.weibo.com/cptcm
天猫旗舰店网址　https://zgzyycbs.tmall.com

如有印装质量问题请与本社出版部联系（010-64405510）

陈怀炯先生在学术经验研修班上授课

5·12汶川地震时陈怀炯先生第一时间坚持门诊

4·20地震时陈怀炯先生第一时间坚持门诊

陈怀炯先生业余时间研习书法

陈怀炯先生绘画作品

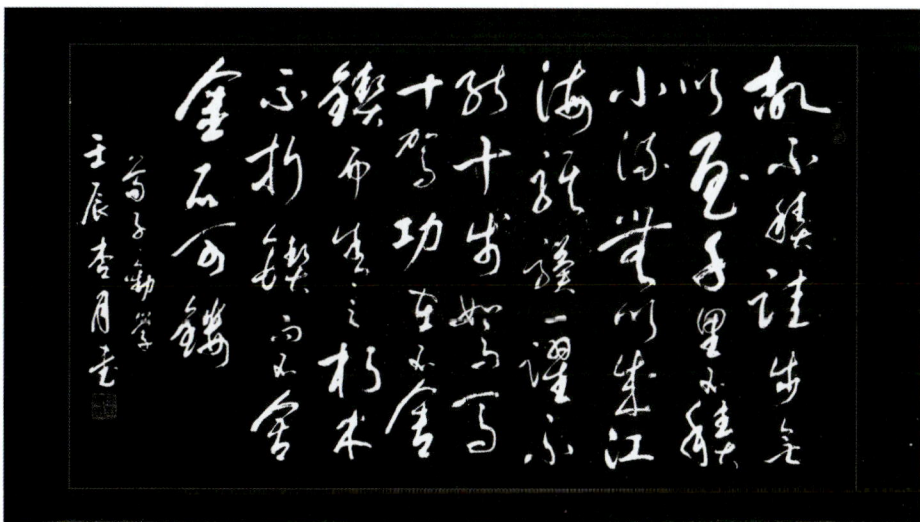

陈怀炯先生书法作品

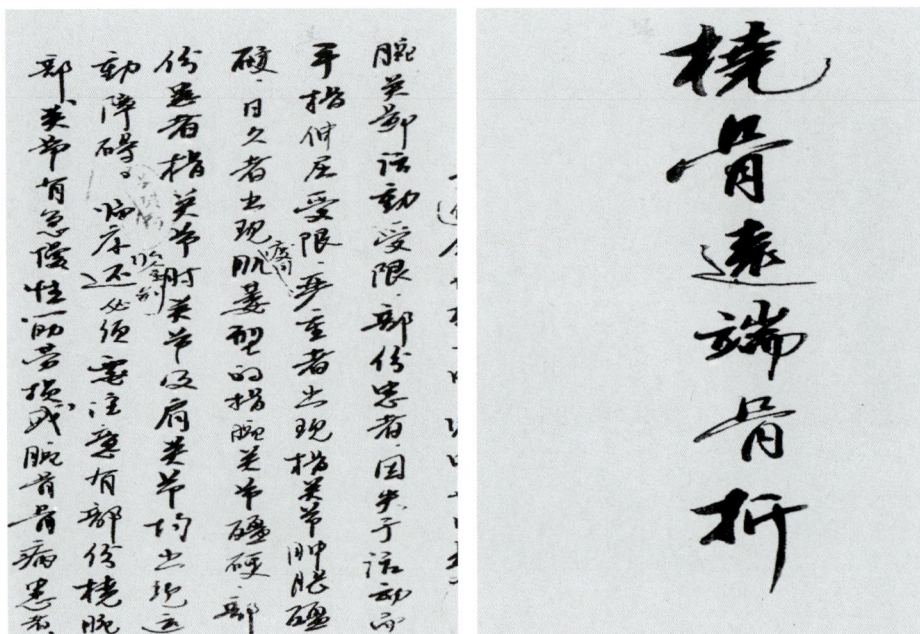

陈怀炯先生手稿

陈怀炯先生（前排左八）与参加学术经验研修班代表合影

总序————————加强文化建设，唱响川派中医

四川，雄居我国西南，古称巴蜀，成都平原自古就有天府之国的美誉，天府之土，沃野千里，物华天宝，人杰地灵。

四川号称"中医之乡、中药之库"，巴蜀自古出名医、产中药，据历史文献记载，自汉代至明清，见诸文献记载的四川医家有 1000 余人，川派中医药影响医坛 2000 多年，历久弥新；川产道地药材享誉国内外，业内素有"无川（药）不成方"的赞誉。

医派纷呈　源远流长

经过特殊的自然、社会、文化的长期浸润和积淀，四川历朝历代名医辈出，学术繁荣，医派纷呈，源远流长。

汉代以涪翁、程高、郭玉为代表的四川医家，奠定了古蜀针灸学派。郭玉为涪翁弟子，曾任汉代人医丞。涪翁为四川绵阳人，曾撰著《针经》，开巴蜀针灸先河，影响深远。1993 年，在四川绵阳双包山汉墓出土了最早的汉代针灸经脉漆人；2013 年，在成都老官山再次出土了汉代针灸漆人和 920 支医简，带有"心""肺"等线刻小字的人体经穴髹漆人像是我国考古史上首次发现，应是迄今

我国发现的最早、最完整的经穴人体医学模型，其精美程度令人咋舌！又一次证明了针灸学派在巴蜀的渊源和影响。

四川山清水秀，名山大川遍布。道教的发祥地青城山、鹤鸣山就坐落在成都市。青城山、鹤鸣山是中国的道教名山，是中国道教的发源地之一，自东汉以来历经2000多年，不仅传授道家的思想，道医的学术思想也因此启蒙产生。道家注重炼丹和养生，历代蜀医多受其影响，一些道家也兼行医术，如晋代蜀医李常在、李八百，宋代皇甫坦，以及明代著名医家韩懋（号飞霞道人）等，可见丹道医学在四川影响深远。

川人好美食，以麻、辣、鲜、香为特色的川菜享誉国内外。川人性喜自在休闲，养生学派也因此产生。长寿之神——彭祖，号称活了800岁，相传他经历了尧舜夏商诸朝，据《华阳国志》载，"彭祖本生蜀"，"彭祖家其彭蒙"，由此推断，彭祖不但家在彭山，而且他晚年也落叶归根于此，死后葬于彭祖山。彭祖山坐落在成都彭山县，彭祖的长寿经验在于注意养生锻炼，他是我国气功的最早创始人，他的健身法被后人写成《彭祖引导法》；他善烹饪之术，创制的"雉羹之道"被誉为"天下第一羹"，屈原在《楚辞·天问》中写道："彭铿斟雉，帝何飨？受寿永多，夫何久长？"反映了彭祖在推动我国饮食养生方面所做出的贡献。五代、北宋初年，著名的道教学者陈希夷，是四川安岳人，著有《指玄篇》《胎息诀》《观空篇》《阴真君还丹歌注》等。他注重养生，强调内丹修炼法，将黄老的清静无为思想、道教修炼方术和儒家修养、佛教禅观会归一流，被后世尊称为"睡仙""陈抟老祖"。现安岳县有保存完整的明代陈抟墓，有陈抟的《自赞铭》，这是全国独有的实物。

四川医家自古就重视中医脉学，成都老官山出土的汉代医简中就有《五色脉诊》（原有书名）一书，其余几部医简经初步整理暂定名为《敝昔医论》《脉死候》《六十病方》《病源》《经脉书》《诸病症候》《脉数》等。学者经初步考证推断极有可能为扁鹊学派已经亡佚的经典书籍。扁鹊是脉学的倡导者，而此次出土的医书中脉学内容占有重要地位，一起出土的还有用于经脉教学的人体模型。唐代杜光庭著有脉学专著《玉函经》3 卷，后来王鸿骥的《脉诀采真》、廖平的《脉学辑要评》、许宗正的《脉学启蒙》、张骥的《三世脉法》等，均为脉诊的发展做出了贡献。

昝殷，唐代四川成都人。昝氏精通医理，通晓药物学，擅长妇产科。唐大中年间，他将前人有关经、带、胎、产及产后诸症的经验效方及自己临证验方共378 首，编成《经效产宝》3 卷，是我国最早的妇产科专著。加之北宋时期的著名妇产科专家杨子建（四川青神县人）编著的《十产论》等一批妇产科专论，奠定了巴蜀妇产学派的基石。

宋代，以四川成都人唐慎微为代表撰著的《经史证类备急本草》，集宋代本草之大成，促进了本草学派的发展。宋代是巴蜀本草学派的繁荣发展时期，陈承的《重广补注神农本草并图经》，孟昶、韩保昇的《蜀本草》等，丰富、发展了本草学说，明代李时珍的《本草纲目》正是在此基础上产生的。

宋代也是巴蜀医家学术发展最活跃的时期。四川成都人、著名医家史崧献出了家藏的《灵枢》，校正并音释，名为《黄帝素问灵枢经》，由朝廷刊印颁行，为中医学发展做出了不可估量的贡献，可以说，没有史崧的奉献就没有完整的《黄帝内经》。虞庶撰著的《难经注》、杨康侯的《难经续演》，为医经学派的发展奠定了基础。

史堪，四川眉山人，为宋代政和年间进士，官至郡守，是宋代士人而医的代表人物之一，与当时的名医许叔微齐名，其著作《史载之方》为宋代重要的名家方书之一。同为四川眉山人的宋代大文豪苏东坡，也有《苏沈内翰良方》（又名《苏沈良方》）传世，是宋人根据苏轼所撰《苏学士方》和沈括所撰《良方》合编而成的中医方书。加之明代韩懋的《韩氏医通》等方书，一起成为巴蜀医方学派的代表。

四川盛产中药，川产道地药材久负盛名，以回阳救逆、破阴除寒的附子为代表的川产道地药材，既为中医治病提供了优良的药材，也孕育了以附子温阳为大法的扶阳学派。清末四川邛崃人郑钦安提出了中医扶阳理论，他的《医理真传》

《医法圆通》《伤寒恒论》为奠基之作，开创了以运用附、姜、桂为重点药物的温阳学派。

清代西学东进，受西学影响，中西汇通学说开始萌芽，四川成都人唐宗海以敏锐的目光捕捉西学之长，融汇中西，撰著了《血证论》《医经精义》《本草问答》《金匮要略浅注补正》《伤寒论浅注补正》，后人汇为《中西汇通医书五种》，成为"中西汇通"的第一种著作，也是后来人们将主张中西医兼容思想的医家称为"中西医汇通派"的由来。

名医辈出 学术繁荣

中华人民共和国成立后，历经沧桑的中医药，受到党和国家的高度重视，在教育、医疗、科研等方面齐头并进，一大批中医药大家焕发青春，在各自的领域里大显神通，中医药事业欣欣向荣。

四川中医教育的奠基人——李斯炽先生，在1936年创立了"中央国医馆四川分馆医学院"，简称"四川国医学院"。该院为国家批准的办学机构，虽属民办但带有官方性质。四川国医学院也是成都中医学院（现成都中医药大学）的前身，当时汇集了一大批中医药的仁人志士，如内科专家李斯炽、伤寒专家邓绍先、中药专家凌一揆等，还有何伯勋、杨白鹿、易上达、王景虞、周禹锡、肖达因等一批蜀中名医，可谓群贤毕集，盛极一时。共招生13期，培养高等中医药人才1000余人，这些人后来大多数都成为中华人民共和国成立后的中医药领军人物，成为四川中医药发展的功臣。

1955年国家在北京成立了中医研究院，1956年在全国西、北、东、南各建立了一所中医学院，即成都、北京、上海、广州中医学院。成都中医学院第一任院长由周恩来总理亲自任命。李斯炽先生继创办四川国医学院之后又成为成都中医学院的第一任院长。成都中医学院成立后，在原国医学院的基础上，又汇集了一大批有造诣的专家学者，如内科专家彭履祥、冉品珍、彭宪章、傅灿冰、陆干甫；伤寒专家戴佛延；医经专家吴棹仙、李克光、郭仲夫；中药专家雷载权、徐楚江；妇科专家卓雨农、曾敬光、唐伯渊、王祚久、王渭川；温病专家宋鹭冰；外科专家文琢之；骨、外科专家罗禹田；眼科专家陈达夫、刘松元；方剂专家陈潮祖；医古文专家郑孝昌；儿科专家胡伯安、曾应台、肖正安、吴康衡；针灸专家余仲权、薛鉴明、李仲愚、蒲湘澄、关吉多、杨介宾；医史专家孔健民、李介民；中医发展战略专家侯占元等。真可谓人才济济，群星灿烂。

北京成立中医高等院校、科研院所后，为了充实首都中医药人才的力量，四川一大批中医名家进驻北京，为国家中医药的发展做出了巨大贡献，也展现了四川中医的风采！如蒲辅周、任应秋、王文鼎、王朴城、王伯岳、冉雪峰、杜自明、李重人、叶心清、龚志贤、方药中、沈仲圭等，各有精专，影响广泛，功勋卓著。

北京四大名医之首的萧龙友先生，为四川三台人，是中医界最早的学部委员（院士，1955 年）、中央文史馆馆员（1951 年），集医道、文史、书法、收藏等于一身，是中医界难得的全才！其厚重的人文功底、精湛的医术、精美的书法、高尚的品德，可谓"厚德载物"的典范。2010 年 9 月 9 日，故宫博物院在北京为萧龙友先生诞辰 140 周年、逝世 50 周年，隆重举办了"萧龙友先生捐赠文物精品展"，以缅怀和表彰先生的收藏鉴赏水平和拳拳爱国情怀。萧龙友先生是一代举子、一代儒医，精通文史，书法绝伦，是中国近代史上中医界的泰斗、国学家、教育家、临床大家，是四川的骄傲，也是我辈的楷模！

追源溯流　振兴川派

时间飞转，掐指一算，我自 1974 年赤脚医生的"红医班"始，到 1977 年大学学习、留校任教、临床实践、跟师学习、中医管理，入中医医道已 40 年，真可谓弹指一挥间。俗曰：四十而不惑，在中医医道的学习、实践、历练、管理、推进中，我常常心怀感激，心存敬仰，常有激情冲动，其中最想做的一件事就是将这些中医药实践的伟大先驱者，用笔记录下来，为他们树碑立传、歌功颂德！缅怀中医先辈的丰功伟绩，分享他们的学术成果，继承不泥古，发扬不离宗，认祖归宗，又学有源头，师古不泥，薪火相传，使中医药源远流长，代代相传，永续发展。

今天，时机已经成熟，四川省中医药管理局组织专家学者，编著了大型中医专著《川派中医药源流与发展》，横跨两千年的历史，梳理中医药历史人物、著作，以四川籍（或主要在四川业医）有影响的历史医家和著作为线索，理清历史源流和传承脉络，突出地方中医药学术特点，认祖归宗，发扬传统，正本清源，继承创新，唱响川派中医药。其中，"医道溯源"是以民国以前的川籍或在川行医的中医药历史人物为线索，介绍医家的医学成就和学术精华，作为各学科发展的学术源头。"医派医家"是以近现代著名医家为代表，重在学术流派的传承与发展，厘清流派源流，一脉相承，代代相传，源远流长。《川派中医药源流与发展》一书，填补了川派中医药发展整理的空白，是集四川中医药文化历史和发展现状之大成，理清了川派学术源流，为后世川派的研究和发展奠定了坚实的基础。

我们在此基础上，还编著了《川派中医药名家系列丛书》，汇集了一大批近现代四川中医药名家，遴选他们的后人、学生等整理其临床经验、学术思想编辑成册。预计编著一百人，这是一批四川中医药的代表人物，也是难得的宝贵文化遗产，今天，经过大家的齐心努力终于得以付梓。在此，对为本系列书籍付出心血的各位作者、出版社编辑人员一并致谢！

由于历史久远，加之编撰者学识水平有限，书中罅、漏、舛、谬在所难免，敬望各位同仁、学者提出宝贵意见，以便再版时修订提高。

中华中医药学会　副会长

四川省中医药学会　会　长

四川省中医药管理局　原局长　　杨殿兴

成都中医药大学　教授、博士生导师

2015 年春于蓉城雅兴轩

杨湘先生序 ——————————————

四川盆地西缘，二郎山东面的天全县有一位大夫，无论官民贫富、士农工商、男女老少，一提起他，人人尽知，人人皆敬，他就是天全县中医医院前任院长陈怀炯，是甘孜州藏胞心目中救死扶伤的恩人。陈怀炯先生曾任四川省政协委员、雅安市政协常委、天全县政协副主席，1986 年获得"全国卫生文明先进工作者"称号，1998 年被国务院定为政府特别津贴获得者，2000 年获得全国"五一"先进工作者奖章，2007 年被评为四川省首届十大名中医。

从清朝乾隆时起，先生祖上就开始行医，并世代相传。1959 年先生初中毕业，在家人的安排下，他先跟从姑父彭老先生学习中医。他家当时开着个体医疗诊所，专治跌打损伤。姑父让他先学中医内科，把中医基础打牢，然后才转跟三叔学家传的中医外科。在他三叔经营诊所的后期，其诊所已经誉满天全、芦山、宝兴、荥经、汉源、雅安、名山、石棉、泸定、康定一带，到先生接手主持后，就更加声名远播了。

本应是人生中最美好的年华，先生的少年、青年时期却是在贫困、被歧视、失学、饥饿等重重磨难中度过的。面对磨难和逆境，先生没有低头，没有退缩，也没有怨天尤人。他说过几段令人深思的话，他说："如果你认为老天爷对你不公道，老天爷就会永远对你不公道。为什么呢？老天爷即便让你有了一百万元，你的欲望也无法得到满足，你还是会认为太少了。"他又说："天干时你不必骂天，要做的是想尽办法去抗旱。艰难困苦中，站起来要像一个人，即使倒下去，也还是要像一个人。"他还说："逆境过后，有的人从此消沉，有的人从此一辈子心存怨气，再也没有能够恢复正常的心态，有的人则从另一个角度懂得了对弱者和落难人要更加体恤。"

恰恰是那些磨难，使先生悟出了一个人应当怎样有意义地生活，应当怎样去考虑他人的痛苦和社会的需要，应当怎样将自己过去的苦难化为今天的真爱，并且让这种爱得以不断地升华和扩大。

先生对他人体恤，对弱者怜悯，尤其是对伤者、病者仁爱。一是先生体味了自身早年的痛苦生活后，对他人的痛苦能感同身受。二是先生之学业，谨遵圣人教诲"大学之道……在止于至善"。三是自幼受家族中长辈言行的影响。先生的三叔是个仁德长者，他在执掌家族医业的时期，经常告诫子辈，医家切不可钻入钱眼，须以恻隐之心为首要。他家的开业动机一直是以做善事为主，收入止于养家糊口，从未想过行医致富。四是受教于医学伦理训诲。东汉医学家张仲景在《伤寒论自序》中要求医生"救贫贱之厄"，唐代医学家孙思邈在《大医精诚》中也要求医生"无欲无求，先发大慈恻隐之心""不得恃己所长，专心经略财物"。

改革开放后，在市场经济的大潮中，当地一些医生个人开业，短短几年就积聚了巨额资产，先生从来视而不见，他早已把自己的人生目的定位在了尽可能地为患者提供质优价廉的服务，把自己出色的医术和毕生精力奉献给患者和社会。为了患者，他早出晚归，不辞辛劳；为了患者，他只有每周二下午在家集中处理院务时，才能与家人同桌吃一顿饭。

先生的自制药物主要是家传和他自己独创的各种丹、膏、散、丸，其中，治疗跌打损伤的特效药物有三七跌打酒、大力易筋丹、万应膏等。

先生擅长骨伤施治。其技术之所以高明，第一是先生解剖学等医学基础知识扎实；第二是继承并创新了祖传治疗跌打损伤的手法技能和药物；第三是在长期的行医过程中积累了丰富的临床经验；第四是他一直密切关注现代中、西医学的发展和技术进步，注重不断提高自身技术。

先生施治骨伤时，往往不用拍片观察断骨错位情况，凭丰富经验，用手一摸就知道骨折位置在哪里，是线形骨折还是粉碎性骨折，裂纹走向如何。然后用手法牵引，拨肢，对正；贴好膏药，包上硬纸壳，纸壳外捆上随形竹片，用绷带缠好；隔一天换一次外敷药，不久便痊愈。有的伤者要摄片看接骨效果，片子出来后，断骨对位皆符合医疗规范。

治疗其他外伤，先生同样高明。有些患者肢体创伤后，由于前期处置不当、消毒不严，致使伤口感染，严重溃烂，形成中空窟窿。一般情况下，为保住生命，最为保险的治疗措施是及时锯掉感染肢体。而先生艺高人胆大，巧妙地施以浸药纱布填充中空伤口，日复一日地置换纱布，达到逐渐缩小伤口的目的。在他的精心治疗下，保住肢体、完全康复的病例不在少数，五十余载没有一例危及生命。当然，这种治疗方法具有危险性，不但需要医生深厚的医术功底、精确的判断能力、每日高度负责的细致观察和根据病灶变化随机处置，更需要医者设身处地为患者着想的仁心，以及极大的胆量和魄力。

先生虽然医术高超，却从不自满。他订了《中医正骨》等多种医学杂志，勤研不辍，且随时了解国际上相关医学理论和医学技术发展情况。他总说自己"内功"太差，需要不断修炼。

先生凭着一身真本事，加上一颗救苦救难、矢志不移的良心，创立了天全县中医医院并进行了有效的管理。在他的带领和管理下，天全县中医医院1991年被成都中医药大学定为骨科专业实习基地，1992年被评为省行业精神文明单位，1994年通过国家"二乙"医院评审，1995年定为全省重点专科建设医院，1998年评为全省十佳县级中医院，1999年该院中医骨伤科被评为省级重点专科。《天全年鉴（2002）》第234页评价道："天全中医院从私家诊所成长为今天具有相当规模的中医医院，除了党的中医政策外，更有一点主要的是有一位具有高尚人品、优良医德、精湛医术、勤劳朴实、廉洁奉公、无私奉献的陈怀炯院长。"

杨　湘

2017 年 10 月

编写说明 ————————————————————————

陈怀炯先生凭着对医学的热爱、执着和良好的悟性，在前辈的教导下，刻苦钻研中医理论和骨伤科传统医疗技术，认真实践，精益求精，通过不断总结、探索，使自己的中医骨伤医疗技术独树一帜，在 2007 年被评为四川省首届十大名中医。虽然先生仅有初中文化，没有专著问世，但是在从医的 60 余年间，积累了大量的临床经验和心得。谨以此书作为先生医术的简要总结，文中不妥之处，敬请各位同仁指正。

本书能够问世，课题与经费均来自四川省中医药管理局，在这里要感谢四川省中医药管理局历届领导对陈氏骨科的厚爱，感谢四川省中医药科学院各位中医同仁的帮助与关心，更要感谢天全县中医医院中医骨伤科全体同仁多年来的辛勤付出。

目　录

生平简介

陈怀炯

陈怀炯（1944—　），男，出生于四川省雅安市天全县，1959 年参加工作，中医骨伤科副主任医师，四川省首届十大名中医之一，先后担任四川省天全县中医医院院长、县人大代表、县政协副主席、省政协委员等职务。

陈怀炯家族世代行医，从乾隆年间算起，已有 100 多年的历史。陈怀炯从小耳濡目染，对治病救人的行医事业充满了热爱和向往，不到 15 岁便开始随叔父学习祖传中医骨伤科医疗技术。在叔父的指导下，陈怀炯完整地保存并发扬了祖传的中医手法复位、小夹板固定等中医伤科技术，并且运用祖传秘方结合现代医药新成果制成了陈氏膏、散、丸、酒（酊）系列药剂，对骨折、新旧软组织损伤、疮疡等外科伤科疾患有独特的疗效。陈氏擅长治疗股骨骨折、多发骨折、粉碎骨折等，治疗开放伤口化脓感染的技术尤具特色，受到同行和专家的好评。

陈怀炯治疗骨折、筋伤等疾病痛苦小、疗效高、费用低，通过患者及其家属的传扬，陈氏在川西、甘孜、阿坝及西藏昌都地区声名远播，求治者络绎不绝。他每天要亲自接待门诊患者近百人次，处理住院患者三四十人次，每年为数以万计的患者解除痛苦。

在陈怀炯带领下，天全县中医医院由一个私人小诊所发展成为资产总值 2 亿元，占地 40 余亩，建筑面积 2 万平方米，病床 500 余张，拥有一批先进医疗设备，以骨伤科为龙头，多科室并进的综合性中医医院。2016 年，门诊数达 34 万人次，收治住院患者 1.1 万人次，治愈、好转率 98%。1998 年被评为四川省十佳县级中医院，2005 年 2 月被评为"四川省精品中医医院"和"国家重点中医特色专科"两个项目建设单位，2015 年通过国家"二甲"医院评审。1999 年，院中医骨伤科被评为省级重点专科。医院综合效益连续十多年居雅安市中医行业之首，长期保持了省行业文明单位，地区精神文明、爱国卫生先进单位等称号。陈怀炯的优秀事迹多次被四川日报、人民日报、健康报、雅安报及省、市、县电视台报道。

陈怀炯曾获得 1986 年年度全国卫生文明先进工作者称号，1995 年年度四川省卫生系统先进工作者称号，雅安地区"八五"期间卫生工作先进个人称号。

1996 年，四川省政协视察团视察天全县中医医院时，为陈怀炯的成就所感，题词："悬壶济世，为民造福，誉满西川，医界楷模。" 1998 年，国务院授予陈怀炯政府特殊津贴；1999 年，陈怀炯再次被评为四川省卫生工作先进个人；2003 年被评为"四川省名中医"；2004 年被评为全国先进工作者；2006 年被评为首届"四川省十大名中医"。"十三五"期间，陈怀炯还先后获得"四川省红十字会博爱之星""雅安地区名中医""雅安地区科技拔尖人才""雅安市十佳文明市民""雅安市创新人才"等荣誉称号。

临床经验

川派中医药名家系列丛书

陈怀炯

一、医案

（一）骨折

1.锁骨骨折

刘某，男，1岁，四川省天全县人，因外伤致左臂活动疼痛，活动受限1小时，到门诊就医。

1小时前，患者因伯伯抱后出现哭闹，时哭时止，其奶奶不放心，带患者到我院门诊就医。

西医诊断：左锁骨中段骨折

中医诊断：骨断筋伤

治法：采用葫芦垫压于左侧锁骨，8字绷带固定，外用地榆膏，隔日门诊换药，25天后解除固定。

按语：①该病重点在于诊断（在无X线辅助下），除了有骨折的特有体征外，对于锁骨骨折的患儿，若无外观肿胀畸形，可托其腋窝，如向上用力时患儿疼痛，哭闹明显，多有锁骨骨折。②对于锁骨中段骨折，国际内固定研究学会（AO学派）认为：简单的悬吊制动可与"8字绷带固定"获得相同的效果，且疼痛更少。陈氏疗法中，葫芦垫配合8字绷带固定可使锁骨中段骨折畸形概率更小。

2.肱骨近端骨折

【案一】周某，女，78岁，四川省雅安市雨城区人，因摔伤致右肩关节疼痛，活动受限3天，到门诊就医。

患者于3天前的晚上在北京不慎滑倒，右手着地后当即感到右肩疼痛，功能障碍。当时未行特殊处理，第2天清晨疼痛加重，患者前往当地社区医院就医，摄片后诊断为右肱骨近端骨折，建议患者手术治疗。患者较排斥手术，前往我院门诊就医。

西医诊断：右肱骨近端骨折

中医诊断：骨断筋伤

治法：患者不愿意手术治疗，故而采用腋板与纸壳夹板固定，外用中药赤青膏，收入住院，每日门诊换药。1 周后开始肩部肌肉静力收缩功能锻炼，35 天后开始全方位功能锻炼，40 天后逐步去除固定物，外用活血膏。患者右肩功能完全恢复。

按语：①该患者系高龄患者，骨折后断端形成嵌插，比较稳定，力线正常，故直接固定而未做特殊处理。②按照《正骨三字诀》"近节处，常转活，动宜早，迟筋缩"，35 天后开始全方位功能锻炼以促进功能恢复；40 天后改外用活血膏，是为了防止绷带固定影响肩关节功能锻炼。

【案二】桑某，女，56 岁，四川省雅安市宝兴县人，因摔伤致右肩疼痛，功能障碍 1 天，到门诊就诊。

1 天前，患者在家洗澡时不慎滑倒，右手着地，当即感到右肩疼痛，功能障碍，未做特殊处理。第 2 天，患者疼痛加剧，立即赶到我院门诊就医。

西医诊断：右肱骨近端骨折（外科颈粉碎骨折）

中医诊断：骨断筋伤，气滞血瘀

治法：采用腋托及纸壳夹板固定，外用赤青膏，每日一换。3 周后开始右肘功能锻炼；1 个月后取下夹板，开始右肩功能锻炼；半年后复诊，骨折愈合，右肩功能完全恢复。

按语：患者系肱骨外科颈粉碎骨折，但其肱骨轴线基本正常，无旋转，无短缩，所以不用复位，将骨维持在当前位置即可，待骨折断端稳定后即开始功能锻炼，如此"筋骨并重"才能促进骨折愈合及功能康复。

【案三】昂旺某，女，4 岁，四川省理塘县人，因摔伤致左肩关节疼痛，功能障碍 8 小时，到门诊就医。

8 小时前患者在和几个小朋友玩耍时不慎摔伤（具体不详），当即感到左肩部疼痛，活动受限，患者被送至当地医院就诊。当地医院摄片后采用三角巾悬吊，为求进一步治疗，前往我院门诊就医。

西医诊断：左肱骨近端骨折（肱骨外科颈骨折）

中医诊断：骨断筋伤

治法：采用手法复位后，腋板加纸壳夹板固定，外敷中药赤青膏，收入住院，每日门诊换药。复位后复查 X 线片显示：骨折对位 1/2 ~ 2/3，对线良好，断端嵌插。1 周后复查 X 线片见骨位无明显变化，1 个月后复查 X 线片见骨位良好，已有少量骨痂。逐渐解除外部固定，开始左肩功能锻炼，2 个月后患者左肩功能恢复。

按语：①患儿在第一次复位后，骨折断端对线良好，对位 1/2 ~ 2/3，达到功能复位的标准。断端有嵌插，骨折相对比较稳定，不需再采用手法来追求骨位。如果为追求更好的骨位，再次复位必定要解除嵌插，这样即使骨折达到解剖复位，骨折断端稳定性也不如保留嵌插，在治疗的过程中容易活动。②患者系儿童，年龄较小，肌肉力量不强，再加之断端有嵌插，骨折相对稳定，故采用腋板加纸壳夹板加连体固定，强度就足够了，不需采用全小夹板固定。

3. 肱骨中段骨折

【案一】杨某，女，67 岁，四川省雅安市天全县人，因摔伤致左上臂疼痛、功能障碍 1 小时，到门诊就医。

患者约 1 小时前不慎从板凳上摔下，即感到左上臂疼痛，功能障碍，立刻前往我院门诊就医（2012 年 9 月 10 日）。

诊断：左肱骨中段骨折（斜形）

治法：建议患者手术治疗，但患者出于经济状况考虑，拒绝手术治疗，故采用手法复位后，夹板压垫固定治疗，外用赤青膏敷。第 1 天手法整复后，重叠完全纠正，但仍有明显成角，通过小夹板及压垫逐渐调整，成角逐渐纠正。2 个月后逐渐去除夹板，开始日常生活。3 个月后复查，骨折已愈合，轴线基本正常，患者肩部功能正常。

按语：肱骨中段斜形骨折不稳定，成年人多选择手术治疗，但由于经济原因或其他一些疾病不适合手术者，也可采用手法复位、夹板固定，即使手法整复没有达到解剖复位，也可在今后的换药过程中逐渐矫正，以达满意骨位，最终不会影响患者肢体功能，预后良好。

【案二】宗某，男，23 岁，四川省康定县人，因枪击致左上臂疼痛流血、功能障碍 1 天，到门诊就诊。

1 天前，患者因斗殴，被对方用手枪击中左上臂，患者当即感到左上臂疼痛，活动障碍，随后被送至当地医院，行清创缝合术后，用简单支具固定，于 2009 年 12 月 1 日送至我院进一步治疗。

西医诊断：左肱骨中段开放粉碎性骨折

中医诊断：骨断筋伤，皮破肉损

治法：患者取端坐位，肘关节屈曲90°，一助手用布带穿过左腋下，一助手扶住左肘对向牵引，术者用无菌纱布盖住缝合后的创口，双手相对，用抱骨手法归位碎骨片，无菌纱布盖住缝合后创口，再外敷地榆膏，小夹板固定，收入住院。每日门诊复诊，若无特殊情况，每2天换药一次，伤口无感染，14天拆线，换赤青膏外用。住院45天，骨折处可见明显骨痂生长，逐渐拆除夹板，左肘、左肩活动恢复良好。

按语：该患者属开放性骨折，当时（2009年）外固定架未广泛应用，采用手法复位时，夹板固定是一种可行的选择方案，它不会因内固定物的放置而增加感染风险，也不会因大量破坏骨的血供而增加骨折不愈合风险，只要通过夹板、压垫维持骨折处力线，控制旋转，患者愈合会非常良好。

【案三】益西某，男，13岁，四川省理塘县人，因摔伤致左上臂及右腕疼痛、功能障碍15小时，到门诊就诊。

患者于15小时前不慎从约2m高的土墙上摔下致伤，于当地医院摄片后用简单木板固定，再前往我院进一步治疗。

西医诊断：①右尺桡骨远端骨折

②左肱骨中段骨折（横断）

中医诊断：骨断筋伤

治法：右尺桡骨远端骨折复位，小夹板固定后摄X线片，位置良好，采用赤青膏外敷。左肱骨中段骨折，复查X线片，显示位置不佳，再次复位后位置依然不佳，患者每天均诉自己感到左上臂骨折处在滑动。2天后请陈怀炯先生会诊，会诊后认为骨折断端无软组织嵌入，调整内层压垫厚度及方向，选用硬度更强的木压板夹缚，并未再次做手法复位。1周后复查X线片，见骨位已近解剖复位，患者再无左上臂骨折滑动感。2周后复查X线片，见骨位良好，1个月后复查X线片，可见骨痂生长。

按语：在手法复位、小夹板固定治疗骨折中，有时候难以通过手法一次性复位，由于小夹板是动态固定的，能随时调整，可以通过调整压垫厚薄及小夹板松紧，对未复位骨位逐渐调整。此过程与医师经验密切相关，需要在临床中不断思考、不断揣摩才能得心应手。

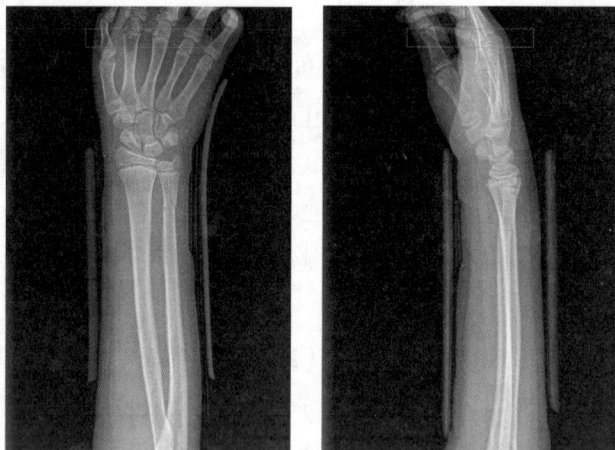

整复尺桡骨后 X 线片

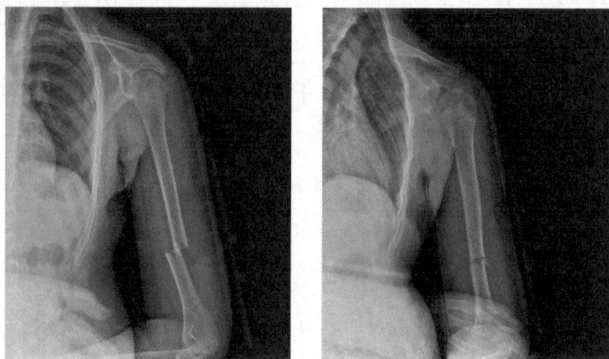

第 1 次整复肱骨后 X 线片

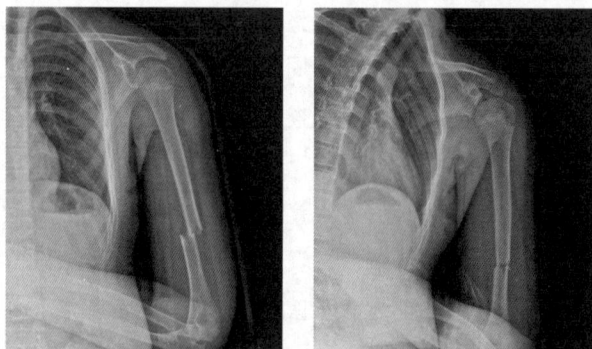

第 2 次整复后肱骨后 X 线片，位置依然不佳

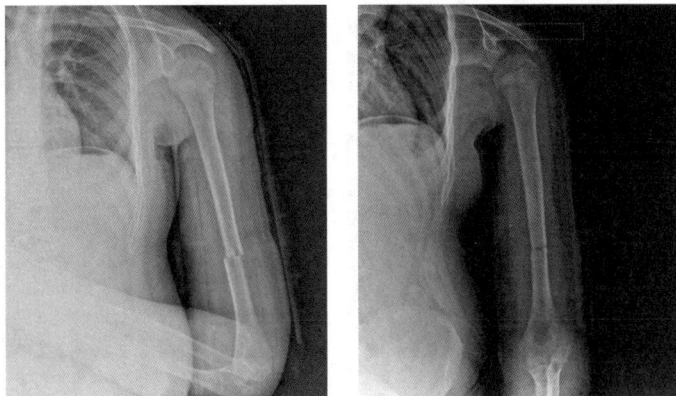

调整压垫夹板 1 周后 X 线片

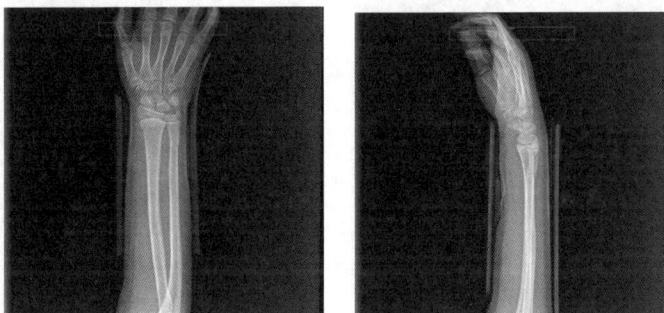

1 周后尺桡骨 X 线片

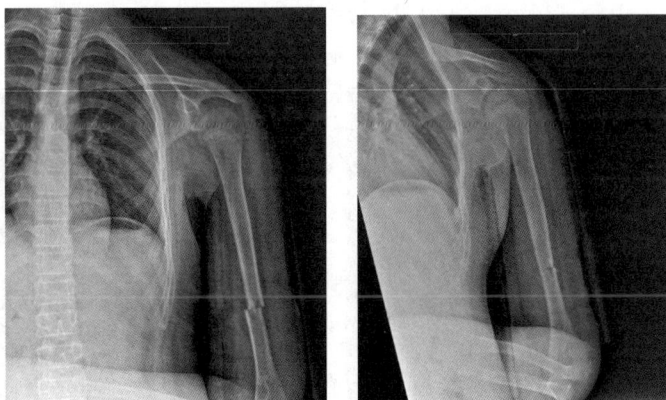

2 周后 X 线片

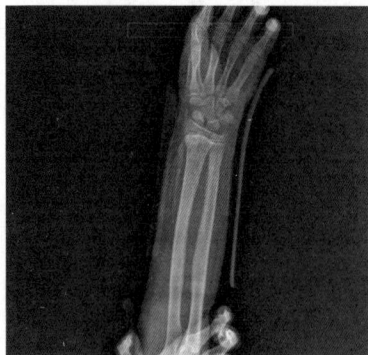

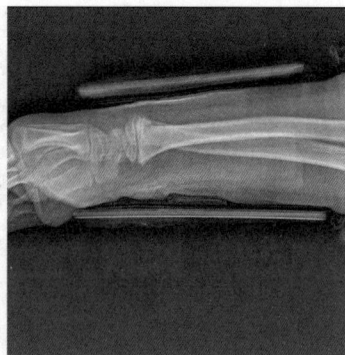

2 周后 X 线片

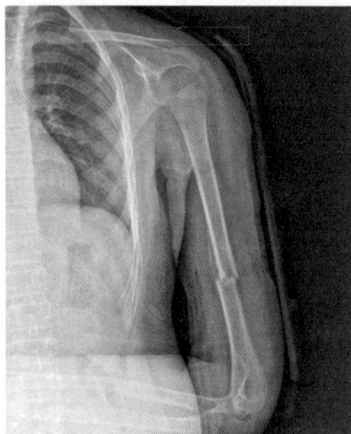

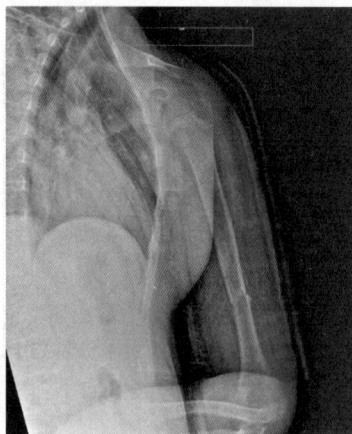

1 个月后 X 线片

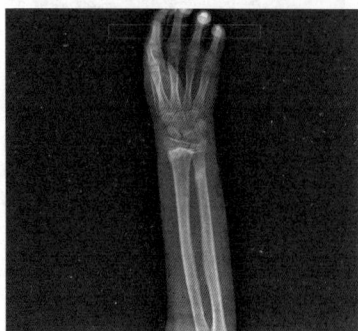

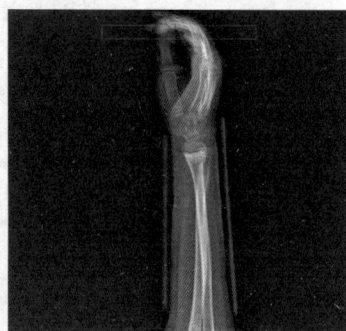

1 个月后 X 线片

【案四】姜某，女，11 岁，四川省雅安市雨城区人。

3 小时前，患者在放学回家途中不慎摔倒，上臂磕碰到一石头，当即感到上臂疼痛，功能障碍，立即被家人送至我院门诊就医。

西医诊断：肱骨中段骨折

中医诊断：骨断筋伤

治法：采用手法复位，小夹板固定，外用赤青膏，并收入住院。复位时感觉骨折断端有跳动感，仔细检查后感觉断端有软组织套入，再次整复后见骨位仍然不理想，建议患者手术治疗。患者家长接受建议，术中见断端确有软组织套入。术后患者恢复良好，1 年后去除内固定钢板。

按语：儿童肱骨中段骨折，如断端套入较多肌肉、筋膜等时，复位和固定是非常困难的，在无法解除软组织套入的情况下，采用手术解除套入软组织后内固定是一必不可少的步骤。从这点可以看出传统中医骨伤科有它的局限性，中医骨伤科的发展需要广泛吸收现代医学技术。

4. 肱骨髁上骨折

【案一】陈某，男，5 岁，四川省荥经县人，因摔伤致右肘关节疼痛 2 天，到门诊就医。

2 天前，患儿在家中玩耍时不慎摔伤，当即感到右肘关节疼痛，可以活动，休息后缓解，家长未引起重视。第 2 天，患儿从幼儿园回家后，其母亲在给患儿换衣服时发现其右肘肿胀，活动时疼痛明显，于是带患儿于当地医院就诊，摄片后发现右肱骨髁上骨折，患者家长为求进一步治疗，到我院门诊就诊。

西医诊断：右肱骨髁上骨折

中医诊断：骨断筋伤

治法：直接采用小夹板、纸压垫，右肘屈曲 100°固定，外用地榆膏，隔日门诊复诊。25 天后逐渐解除外固定，开始使用患肢。45 天后患儿完全恢复，未发生关节畸形。

按语：①对于未移位儿童肱骨髁上骨折，由于儿童对医生存有畏惧之情，可能对伤情表达不清楚，这就要求医生进行仔细的体格检查，必要时摄 X 线片以确诊，避免造成严重后果。②该患儿由于外伤，其骨折断端有所嵌插，并有轻微向前成角，但无旋转及侧向移位。如果要复位必须要先解除嵌插，然后再矫正成角，这样必然造成骨折断端不稳，在治疗过程中容易再次移位。由于患儿骨折断端无旋转，不存在侧向移位发生肘关节内外翻畸形的高危因素，故并没有复位，而是通过保留现有的嵌插及成角来保持骨折稳定性。

【案二】四郎某，男，13 岁，四川省甘孜州稻城县人，因摔伤致右肘关节疼痛、活动障碍 7 小时，到门诊就医。

7 小时前患者在围墙上玩耍时从约 1 米高的围墙上摔下，当即感到右肘关节疼痛，活动障碍，于当地医院就诊，摄片后发现骨折，为求进一步处理，前往我院门诊就诊。

西医诊断：右肱骨髁上骨折（伸直尺偏型）

中医诊断：骨断筋伤

治法：采用手法复位后小夹板、纸压垫，右肘屈曲 100°固定，外用赤青膏，收入住院。每日门诊换药，25 天后逐渐解除外固定，开始使用患肢，未发生肘关节畸形。

按语：本例成功治愈了患儿的肱骨髁上骨折。复位时先纠正侧向位移，纠正到轻度桡偏，再纠正前向位，纸压垫及小夹板的放置也是桡偏过屈位，其目的是防止发生肘关节内翻畸形。对于尺偏型肱骨髁上骨折，治疗关键是防止肘内翻的发生，并且要将其贯穿治疗始终。

【案三】扎西某，女，5 岁，四川省康定县人，因摔伤致左肘关节疼痛、功能障碍 5 小时，到门诊就医。

患者 5 小时前在家附近玩耍时不慎摔倒，当即感到左肘关节疼痛，功能障碍，到当地医院摄片后提示骨折，于是到我院门诊就医。

西医诊断：左肱骨髁上骨折（伸直桡偏型）

中医诊断：骨断筋伤

治法：采用手法复位后，纸压垫、小夹板固定，外用赤青膏，每日门诊换药。4 周后逐渐解除外固定，开始使用患肢。2 个月后，患者肘关节功能完全恢复。

按语：对于儿童肱骨髁上骨折，最关键的是防止发生肘关节内翻畸形，所以对于有轻微桡偏畸形的肱骨髁上骨折的患者，我们在整复时保留桡偏，不予纠正，从而防止发生肘关节内翻畸形。

【案四】付某，女，1 岁，四川省邛崃市人，因摔伤致左肘部疼痛、活动受限

3 小时，到门诊就医。

3 小时前，患儿在家中睡觉时从约 50cm 高的床上摔下受伤，伤后当即感到左肘关节疼痛，活动受限，未做任何处理，立即到我院就诊。

西医诊断：①左肱骨髁上骨折（伸直尺偏型）

②左桡骨远端骨折

中医诊断：骨断筋伤

治法：首先对桡骨远端骨折进行整复及小夹板固定，整复固定完全后，再对肱骨髁上骨折进行复位、纸压垫、小夹板固定，收入住院，外用地榆膏，每日门诊换药。换药时，由助手牵引，先固定肱骨髁上骨折，再固定桡骨远端骨折。4周后逐渐解除外固定。2 个月后患儿完全恢复，无肘关节畸形。

按语：①对于同侧肢体不同部位的骨折，究竟先处理哪个部位，需根据具体情况而定。本案中先将左桡骨远端骨折进行复位固定，再将左肱骨髁上骨折进行复位固定，因为前者相对简单，整复固定后不容易再移位，所以先行处理，处理完成后再集中精力专注于肱骨髁上骨折。如果先整复固定肱骨髁上骨折，由于其移位趋势明显，可能在整复桡骨远端骨折时出现骨折移位。②在每日门诊换药时先对髁上骨折进行包扎固定，再对桡骨远端骨折进行包扎固定，也是为了减少换药过程中因解除夹板固定，无束缚力所造成骨折的移位。总之，在处理同侧肢体的多发骨折时，辨证处理是关键，《正骨三字诀》中有"知阴阳，审虚实，分标本，辨善恶"，其核心是以复杂难处理者为主。

【案五】汪某，女，3 岁，四川省芦山县人，因摔伤致左肘关节疼痛、活动障碍 1 小时，到门诊就医。

1 小时前，患者在玩耍时不慎摔倒，当即感到左肘关节疼痛、功能障碍，家长带患者到当地医院就医，摄片后提示骨折，随后到我院就诊。

西医诊断：左肱骨髁上骨折（伸直尺偏型）

中医诊断：骨断筋伤

治法：采用手法复位后纸压垫、小夹板固定，外用地榆膏，隔日门诊复诊换药。4 周后解除后板，开始肘关节屈伸。5 周后解除两侧侧板。该患儿肘关节屈伸无异常，但有轻微肘内翻畸形。

按语：该患儿受伤时骨折存在旋转且有嵌插，在手法整复后旋转未能完全纠正，也就是说整复后骨位不良。后期及时通过小夹板夹持于外翻位也未能防止发生肘关节内翻畸形。所以良好的复位是防止肘内翻畸形的第一步。满意复位是指旋转完全纠正，轻微桡偏，可有少量前后成角。

【案六】多吉某，男，2岁，四川省康定县人，因摔伤致左肘关节疼痛、活动受限10小时，到门诊就医。

10小时前，患儿在家附近玩耍时不慎摔倒，左手着地后当即感到左肘关节疼痛，活动障碍，家长立即带患儿到当地医院就医，摄片后提示骨折，家长带其到我院门诊就医。

西医诊断：左肱骨髁上骨折（伸直尺偏型）

中医诊断：骨断筋伤

治法：采用手法复位后纸压垫、小夹板固定，外用地榆膏，收入住院，6天后复查X线片，正位片可见轻微尺偏。医生告知其家长，今后可能产生轻微尺偏畸形，但肘关节功能无影响，如要将移位骨折复位，可采用手术治疗，其家长坚持非手术治疗，继续予以纸压垫、小夹板固定。4周后逐渐解除外固定，该患儿肘关节屈伸无异常，但有轻微肘内翻畸形。

按语：①该患儿在初期整复时解剖复位，但在后来的固定过程中逐渐发生骨折移位，其原因主要由于损伤时造成内侧骨质塌陷，虽然解剖复位，但其内侧骨质塌陷无法提供有效的支撑；该患儿年龄太小，骨骼太小，骨线太靠近关节面，用夹板难以有效固定。②在肱骨髁上骨折，虽然内侧骨质有所塌陷，但手法复位情况良好。然而，采用非手术方法如何有效固定、防止手法复位良好的骨折断端再移位是一个难点，这需要在今后临床工作中进一步改进固定方式，以减少移位。

【案七】徐某，男，12岁，四川省汉源县人，后到天全县，因外伤致左肘关节内翻畸形3年，到我院门诊就医。

患者3年前在家附近玩耍时不慎摔伤，当即感到左肘关节疼痛，功能障碍，随后到我院门诊就医，诊断为左肘肱骨髁上骨折（伸直尺偏型），予以手法整复，小夹板固定。期间摄X线片，见有尺偏移位，建议手术治疗。与患者家长商议后未采用手术治疗，其后左肘逐渐出现内翻畸形，1个月后逐渐解除外固定时已有明显内翻畸形。3年后患者到我院拟行左肘关节矫形手术。

西医诊断：左肱骨髁上骨折后肘内翻畸形

中医诊断：骨失正位

治法：收入住院，在麻醉的情况下行肘内翻畸形矫形术，术后患儿恢复良好。

按语：①这是一例肱骨髁上骨折发生肘内翻畸形的患者，先复位和小夹板固定都是为了防止肘内翻畸形，但是患者最终发生比较严重的肘内翻，其主要原因可能有：患儿内旋移位未能纠正；左肘肱骨髁上骨折（伸直尺偏型），手法整复后仍有残余尺偏移位；损伤造成内侧骨质塌陷，内侧无法支撑。②该类畸形的患者，如果在伤后1周发现骨位有明显尺偏，应积极建议患者行手术治疗，以获得更良好的骨位，减少肘内翻畸形发生的概率。

【案八】胡某，男，7岁，四川省汉源县人，因摔伤致左肘关节疼痛、功能障碍3小时，到门诊就医。

3小时前患者在家附近玩耍时不慎从约30cm高的台上摔下，左手着地后当即感到左肘关节疼痛，功能障碍，当地摄片后发现骨折，随后前往我院门诊就医。

患者2年前曾因摔伤致左肱骨外髁骨折，在当地医院治疗后（具体不详）有轻微肘内翻畸形。

西医诊断：左肘肱骨髁上骨折（伸直尺偏型）

中医诊断：骨断筋伤

治法：采用手法复位，小夹板固定、纸压垫，外用赤青膏，隔日门诊换药。4周后解除后板，开始肘关节活动。5周后解除两侧板。2个半月后患儿肘关节活动恢复正常，但有肘内翻畸形。

按语：①该患儿手法整复时效果不满意，有旋转及尺偏，但其家长拒绝手术，只有采用小夹板强行缚于桡偏位，加之患儿以前就有内翻畸形，故现在内翻畸形更为明显，但所幸的是未影响肘关节功能。②对于该患者，在用小夹板、纸压垫强行夹缚于桡偏位时，除了压垫比普通的加厚外，还在上臂、上臂内侧放置直角板，其目的是增强外翻力，减少内翻畸形程度。

【案九】张某，女，6岁，四川省名山区人，因摔伤致右肘关节疼痛，功能障碍2小时，到门诊就医。

2小时前，患者从板凳上摔下，当即感到左肘关节疼痛，功能障碍，立即前往我院门诊就医。

西医诊断：左肱骨髁上骨折（伸直尺偏型）

中医诊断：骨断筋伤

治法：采用手法整复，小夹板、纸压垫固定，外用赤青膏，收入住院，每日门诊换药。5 天后肿胀减轻，复查 X 线片，见骨位错开，远端明显尺偏，建议手术。其家长接受建议，采用手术治疗，术后恢复良好，无肘内翻畸形发生。

按语：①该患者整复非常成功，但是后来骨折出现移位，分析其滑移原因可能是骨折时造成内侧塌陷，无法提供足够的支撑，并且由于肿胀在消退过程中未能有效夹缚。②对于这种复位良好但是后来出现移位的髁上骨折，如果滑移程度较大，手术是一个良好的选择。因为手术治疗不仅能使骨位良好，而且能避免非手术治疗"固定困难"的劣势。

【案十】张某，男，8 岁，四川省雅安市雨城区人，因摔伤致右肘关节疼痛、功能障碍 2 小时，到门诊就医。

2 小时前患者在玩耍时不慎摔伤，当即感到左肘关节疼痛，功能障碍，到当地医院就医，摄片后发现骨折，到我院门诊就诊。

西医诊断：右肱骨髁上骨折（骑跨型）

中医诊断：骨断筋伤

治法：采用手法复位，小夹板、纸压垫固定后，摄 X 线片见骨折位置不满意，改手术治疗，术后骨位良好，患者恢复正常，无肘关节畸形。

按语：①骑跨型肱骨髁上骨折是我们提出的一种新类型，其移位方式是旋转和嵌插，但又与普通旋转嵌插不同，它还存在咬合，就像互成 90° 的齿轮一样，骨折远近端旋转后的缺口咬合在一起。这种类型较为少见，难以闭合复位。②手法、小夹板不是万能的，当手术效果明显优于非手术时要建议患者手术治疗。

【案十一】白马某，女，6 岁，四川省甘孜州人，因摔伤致左肘关节疼痛，功能障碍 6 小时，到门诊就医。

6 小时前患者在家附近玩耍时，从楼梯上摔下，当即感到左肘关节疼痛，功能障碍，到当地医院就医，摄片后发现骨折，到我院门诊进一步求医。

西医诊断：左肱骨髁上骨折（屈曲尺偏型）

中医诊断：骨断筋伤

治法：采用手法整复，纸压垫、小夹板固定，外用赤青膏。患者每日到门诊换药，1 个月后逐渐解除外固定，开始肘关节功能锻炼。无肘关节畸形的发生。

按语：该骨折在复位时一般采用三人复位，两人分别握住上臂与前臂，对向牵引，术者先纠正移位，再将双手拇指置于骨折远端，其余四指置于近端，拇指及双手大鱼际向背侧用力，其余四指向掌侧用力，同时帮助患者在牵引下缓缓伸肘以纠正掌背侧移位。固定时要将肘关节固定成半伸直位，这样才能减少移位，符合逆损伤原则。

5. 桡骨头骨折

【案一】刘某，男，30岁，四川省雅安市雨城区人，因摔伤致右肘关节痛，活动障碍2天，到门诊就医。

患者摔伤右肘于外地医院就诊，诊断为"右桡骨头粉碎骨折"，因患者拒绝手术，外地医院采用石膏托，屈肘90°固定，建议固定30天。

西医诊断：右桡骨头粉碎性骨折

中医诊断：骨错筋伤

治法：去除石膏外固定，采用院内制剂赤青膏外敷，弹力绷带固定，加强功能锻炼，以主动活动为主，隔日复诊，每次复诊检查患者功能锻炼情况。治疗1个多月后，患者肘关节活动基本恢复，可装卸货物。

按语：桡骨头粉碎性骨折，骨折块错位明显，骨折块的位置在非手术情况下不可能有很大改善。长期固定肘关节周围的软组织可能发生粘连，进一步限制肘关节功能，如果按照外地医院的建议固定30天，肘关节粘连会更加厉害，严重者会明显影响肘关节功能。故而应该将重点集中在肘关节功能恢复上，通过不断加强功能锻炼，促进肘关节功能恢复。

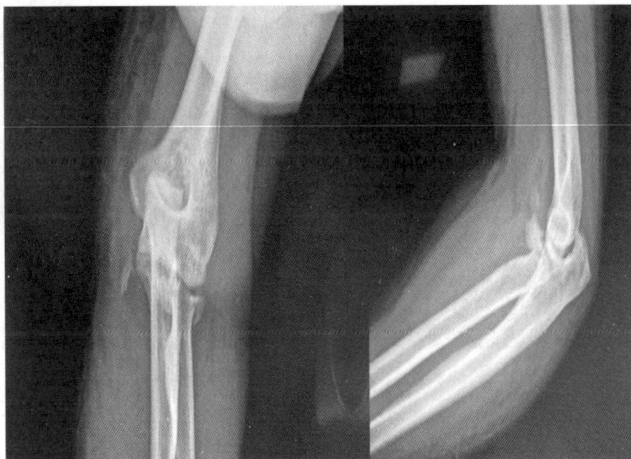

伤后 X 线片

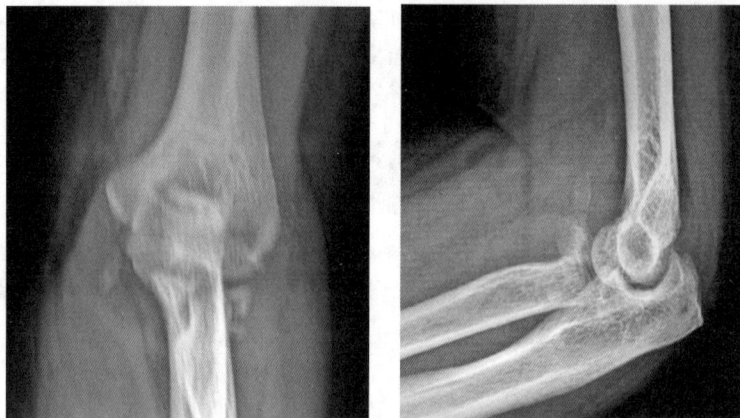

我院治疗 1 个月余 X 线片

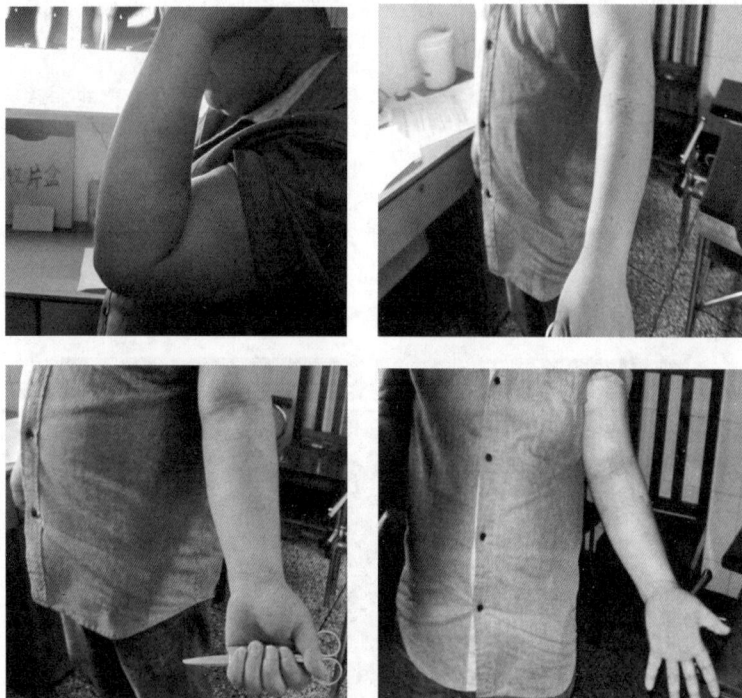

治疗 1 个月余患者肘关节活动情况

【案二】段某，女，60 岁，四川省成都市人，因摔伤致右肘关节疼痛，活动受限 1 天，到门诊就医。

1 天前，患者在工作处不慎滑倒，左手着地即感到右肘疼痛，活动受限，立即前往成都体育学院附属医院就诊，经摄片及 CT 检查，诊断为：①右桡骨头骨折；②右尺骨鹰嘴撕脱骨折。建议患者手术治疗。患者拒绝手术后，医院采用钢托屈肘 90°固定，并建议固定 1 个月。患者于 2016 年 8 月 27 日到我院就医。

诊断：①右桡骨头骨折（塌陷型）

②右尺骨鹰嘴撕脱骨折

治法：解除钢托固定，患者仰卧于平板床上，助手双手持住患者上臂，术者持住前臂，在牵引状态下使肘关节极度屈曲，再缓慢伸直，术后嘱患者自行活动右肘关节数次，外敷赤青膏，弹力绷带固定，嘱患者逐渐加强肘关节功能锻炼，并收入住院。每日门诊换药，并监督患者功能锻炼情况。1 周后，患者疼痛减轻，右肘关节屈伸、前臂旋转功能基本正常，于 2016 年 9 月 5 日出院。

按语： 通过非手术方法治疗桡骨头骨折（塌陷型），塌陷的骨折不可能恢复。若采用钢托进行固定，1 个月后才开始肘关节功能锻炼，必然形成粘连，若患者配合较差，不能按医生要求行功能锻炼，其预后更差。所以桡骨头骨折即使合并尺骨鹰嘴撕脱骨折，只要肘关节稳定性未受严重破坏，我们仍建议早期进行合理的功能锻炼。

【案三】杜某，女，47 岁，四川省石棉县人，因摔伤致右肘关节疼痛，功能障碍 7 小时，到门诊就医。

7 小时前，患者骑自行车不慎摔伤，当即感到右肘关节疼痛，功能障碍，于 2009 年 11 月 23 日前往我院门诊就诊。

西医诊断：右桡骨头骨折（歪戴帽）

中医诊断：骨断筋伤

治法：患者仰卧于平板床上，助手双手持住其上臂，术者持住前臂，在牵引状态下使肘关节极度屈曲，再缓缓伸直，术后用赤青膏外敷右肘，弹力绷带固定，嘱患者疼痛减轻后逐渐加强肘关节功能锻炼，并收入住院。每日门诊换药，监督功能锻炼，2009 年 12 月 2 日出院，患者出院时肘关节活动恢复到 90%。

按语： 桡骨头骨折（歪戴帽）在非手术情况下，即使就医非常及时，也难以做到解剖对位。对肘关节进行屈伸的主要目的是舒展筋络，以使关节稳固，转动灵活。该患者复查 X 线片，虽然骨折位置没有解剖对位，但是由于其配合程度好，所以功能恢复良好。

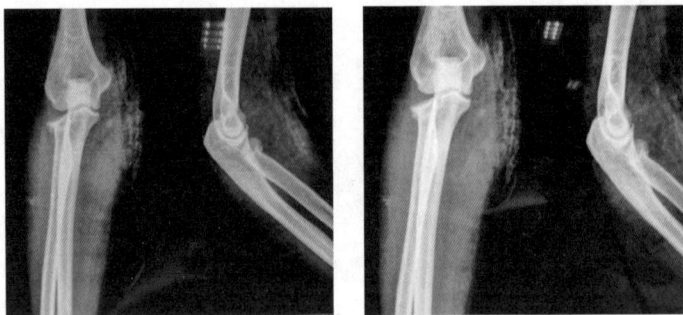

入院时 X 线片

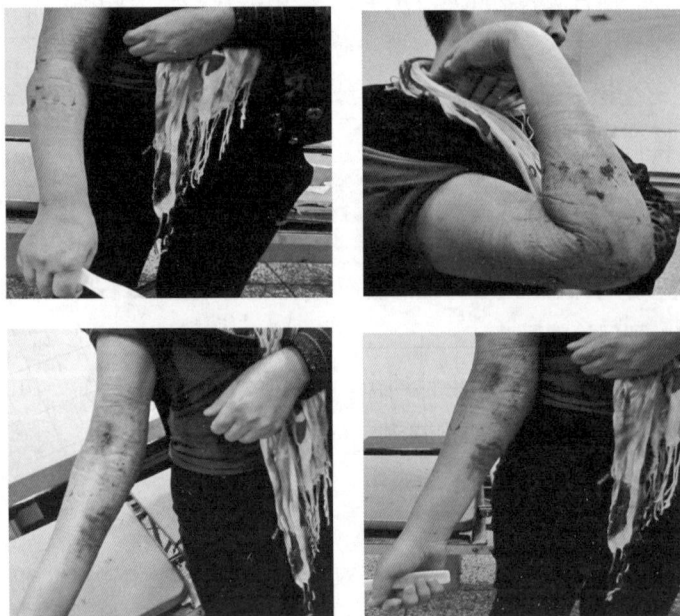

出院时右肘功能情况

【案四】周某，男，10 岁，雅安市名山区红星人，因摔伤致右肘疼痛、功能障碍 3 小时，到门诊就医。

3小时前，患者在学校不慎摔倒，右肘关节疼痛，活动受限，随后前往我院门诊就诊。

西医诊断：右桡骨头骨折

中医诊断：骨断筋伤

治法：患儿仰卧于平板床上，一助手握住上臂，术者握住患儿前臂，左手拇指放置于桡骨头处，向近端推挤，再缓慢在牵引下压曲，极度压曲后，卡住桡骨头缓慢伸直肘关节，用赤青膏外敷，小夹板固定。15天后逐渐除去小夹板，开始右肘关节活动。1个多月后再次摄片，见骨折位置良好，患儿肘关节功能恢复正常。

按语： 该患儿诊断为桡骨头骨折，因为其复位后，骨折处欠稳定，加之儿童依从性较差，故复位后采用小夹板固定，但固定时间不宜过久，一般2～3周，只要断端稳定，便可开始功能锻炼。如果固定时间太长，则可能造成肘关节僵硬，最终延长功能恢复的时间。

【案五】 张某，女，5岁，四川省邛崃市人，因摔伤致左肘关节疼痛，功能障碍4小时，到门诊就医。

4小时前患者在家附近玩耍时不慎从一石梯上摔下，当即感到左肘部疼痛，活动障碍，被送至附近医院就医，摄片后诊断为桡骨头骨折，建议手术治疗，随后家长带患儿到我院门诊就医。

西医诊断：左桡骨头骨折

中医诊断：骨断筋伤，关节失稳

治法：采用手法整复后，压垫、小夹板固定，外用赤青膏，20天后解除外固定，逐渐开始使用患肢，3个月后恢复正常。

按语： ①该患儿诊断为桡骨头骨折。儿童肘关节部位发育并未完善，桡骨头骨折后，骨折块有明显移位，肘关节不够稳定，故与大部分成年人的桡骨头骨折处理不一样，需要整复及固定。②将该患儿的肘关节活动延至20天后，活动方式与成人一样。首先，对于儿童，关节长期固定（6周内）不会产生严重的粘连，经活动是可以完全恢复的。其次，该患儿复位后，骨折处也不够稳定，早期活动容易造成再移位。20天后骨折断端已经形成初步连接，此时开始活动更为合理。

6. 尺骨骨折

【案一】雷某，男，9岁，四川省邛崃市人，因摔伤致左前臂疼痛5小时，到门诊就医。

5小时前患者在玩耍时不慎摔倒，当即感到左前臂疼痛。患者去当地医院就诊，发现骨折，随后前往我院门诊就诊。

西医诊断：左尺骨骨折并桡骨头脱位（孟氏骨折）

中医诊断：骨断筋伤

治法：采用纸压垫、小夹板固定，外用赤青膏，屈肘90°固定，隔日换药，1个月后逐渐解除外固定，开始使用患肢，2个半月后患儿基本恢复。

按语：该患儿是一例不典型的孟氏骨折，其就诊时未摄片，尺骨移位轻，桡骨头并未发现脱位，但在触诊时可以感受到桡骨头不稳，所以诊断并不是单独尺骨骨折，而是孟氏骨折，治疗上必须按照孟氏骨折处理。

【案二】忠某，男，12岁，四川省甘孜州稻城县人，因摔伤致右前臂疼痛、肿胀，活动受限50小时，到门诊就医。

50小时前，患者从约50cm高的楼梯上摔下，当即感到右前臂及右肘疼痛，活动受限。伤后被送至稻城县人民医院就医，摄片后发现骨折，未做治疗，到我院门诊就诊。

西医诊断：右尺骨骨折并桡骨头脱位（孟氏骨折）

中医诊断：骨断筋伤，关节脱位，血瘀气滞

治法：采用手法复位，纸压垫、小夹板、纸壳屈肘80°~90°固定，收入住院。每日门诊换药，4周后解除屈肘固定纸壳，开始肘关节屈伸锻炼，35天后逐渐解除外固定。

按语：①该患者属于孟氏骨折中的屈曲型，在整复时采用两人整复法，具体如下：患儿仰卧于治疗床上，助手按住肘关节，术者一手放于尺骨骨折近端，用拇指顶住骨折处，另一手卡于骨折远端，半屈曲肘关节牵引，然后缓缓伸肘，外旋骨折远端，同时嘱助手向内推挤桡骨头，同时复位骨折及脱位，复位完成后卡住桡骨头，缓缓屈伸肘关节，感知桡骨头有无跳动感，如没有跳动感且肘屈伸正常，则证明骨折、脱位复位良好，给予固定。②对于孟氏骨折，其重点当在桡骨头，因为桡骨头的复位重于尺骨骨折复位，只要桡骨头复位后能维持，即使尺骨位置稍差，也无明显不良影响。③对于屈曲型孟氏骨折，肘关节应该固定于屈肘80°～90°，太过于伸直不利于桡骨头稳定，太过于屈曲不利于骨折稳定。

【案三】陈某，女，23岁，四川省成都市人，因摔伤致左肘关节疼痛，功能障碍1天，到门诊就医。

1天前患者在行走时不慎摔倒，当即感到左肘关节疼痛，功能障碍，随即前往当地医院就医，医生建议手术治疗，随后患者到我院门诊就医。

西医诊断：左尺骨鹰嘴骨折

中医诊断：骨断筋伤

治法：采用半月形缺口的纸压垫卡住尺骨鹰嘴后，左肘关节伸直，纸壳夹板固定。外用赤青膏，每日门诊换药。28天后解除纸壳夹板及压垫，采用弹力绷带固定，开始肘关节屈伸锻炼，3个月后患者完全恢复。

按语：该患者属于有移位的尺骨鹰嘴骨折，通过半月形抱骨垫挤压及伸肘位固定，即起到骨折复位的作用，又起到复位后防止再移位的作用。4周后，骨折断端已达临床愈合，此时的重点放在肘关节功能的恢复上，故采用弹力绷带固定，加强肘关节功能的锻炼。

【案四】杨某，男，69岁，四川省天全县人，因摔伤致左前臂疼痛1天，到门诊就医。

1天前，患者在走路时不慎摔倒，左前臂直接与一石头相撞，当即感到左前臂疼痛，但肘关节可以屈伸活动，自己感觉骨头没问题。在家休息一天后症状无改善，于是前往我院就诊。

西医诊断：左尺骨上段骨折

中医诊断：骨断筋伤

治法：患者仰卧于硬板床上，屈肘90°，纠正部分移位后用压垫固定，内层用超肘关节纸抱壳夹板，外层用木夹板固定，外敷赤青膏，45天后逐渐解除外固定，开始功能锻炼，半年后患者逐渐恢复劳动力。

按语：尺骨上段骨折，容易发生骨折不愈合或延迟愈合，其治疗的要点是限制肘关节活动，防止患者因肘关节过度活动，影响断端稳定性。对该患者主要采用超肘关节纸抱壳夹板固定，有效限制了肘关节活动及前臂旋转，防止不稳定因素出现，促进骨折愈合。

【案五】乐某，男，5岁，四川省芦山县人，因摔伤致左前臂疼痛，活动受限1小时，到门诊就医。

1小时前患者在玩耍时不慎摔倒，左前臂与一桌子相撞，当即感到左前臂疼痛，患者随即被家长送至我院门诊就医。

西医诊断：左尺骨中段粉碎性骨折

中医诊断：骨断筋伤

治法：采用手法校正后，内层用纸壳夹板，外层用小夹板、压垫固定，外用赤青膏。10天后复查X线片，见骨位良好。20天后复查X线片，见骨位良好。1个月后复查X线片见已有骨痂生长，解除外固定，开始使用患肢。

按语：该患者诊断为尺骨骨折。因其骨折部位为中段，且患者年龄小，一般不会发生骨折不愈合，故与尺骨上端骨折固定方式稍有不同，内层纸壳夹板未及肘关节，小夹板也未做超关节固定，这样根据病情采用最适合的固定方式，不仅减少了肘关节的负担，而且利于康复。

【案六】孙某，男，33岁，天全县始阳镇人，因摔伤致左上臂隐痛1个月，到门诊就医。

1个月前，患者在干活时不慎从一高凳上摔下，左前臂外侧与一硬物相撞，当即感到左臂疼痛，但可以活动。患者休息1天后疼痛无明显加重，认为未伤到骨头，未到医院就诊，自行贴膏药，继续使用伤肢，疼痛时轻时重，昨日患者劳动后疼痛加重，于今日到我院门诊就医。

西医诊断：左尺骨骨折（陈旧性）

中医诊断：骨断筋伤

治法：采用内层纸壳夹板，外层小夹板固定，并用赤青膏外敷。1个半月后骨折断端仍不稳，请陈老查看后，认为是骨折断端稳定程度不够，将内层纸壳夹板超肘关节固定，限制肘关节活动。3个半月后骨折断端有极少量骨痂生长，为了防止肘关节固定过久造成僵硬，内层夹板未超过肘关节，改用活血止痛膏外用，继续采用夹板固定。半年后复查X线片，见骨折断端骨痂再无明显变化，采用自体静脉血注射于骨折处，起初1周2次，2周后改为1周1次，1个月后改为2周1次，继续采用活血止痛膏外用，小夹板固定，2个半月后停止注射。伤后1年已有明显骨痂生长，继续维持夹板固定，1个月后逐渐解除外固定。

按语： ①该患者就医时受伤已有 1 个月，错过了最佳治疗时间。有时候患者即使有骨折也能活动，局部症状不明显，医生需要非常细致的临床检查才能防止漏诊。②《正骨三字诀》中有云"若七七，骨已合，无闪动，力可看，若不稳，必有因"。该患者 1 个半月后骨折仍有闪动，认为是断端不够稳定所致。在治疗中，超肘关节固定的目的是增加断端稳定程度，但是固定肘关节时间不能太久，以免造成肘关节僵硬。3 个半月后骨折断端有极少量骨痂生长，体格检查发现骨折断端由不稳定逐渐变稳，虽然经历时间较长，但是出现这些信号都是骨折在愈合的标志。③该患者早期外用赤青膏，3 个月后换为活血止痛膏，这是由于赤青膏药性较为猛烈，但持续时间较短，活血止痛膏药性较缓但持续时间较长，3 个月后患者门诊复诊的时间间隔逐渐变长，故采用持续时间较长的活血止痛膏。另外，在骨折断端注射自体静脉血也是一种有效治疗骨折延迟愈合的手段，现代医学有较详细的研究，这里不做过多叙述。

7. 尺桡骨双骨折

【案一】 张某，男，21 岁，四川省雅安市荥经县人，因木棍击伤致左前臂疼痛，功能障碍 3 小时，到门诊就医。

3 小时前，患者在一网吧与人发生争执后，被对方用木棍砸伤左手臂，当即感到左前臂疼痛，功能障碍，患者未做特殊处理，前往我院门诊就医。

西医诊断：左尺桡骨双骨折

中医诊断：骨断筋伤

治法：采用小夹板及中立位托板固定，外用赤青膏，1 周后再次拍片，见尺骨向桡骨侧成角，采用分骨垫分骨后继续按上述方法固定，3 周后拍片见骨位被矫正，2 个月后逐渐解除外固定，开始使用患肢，半年后患者基本恢复正常。

按语： 就诊时建议患者手术治疗，患者坚决要求非手术治疗。在非手术治疗中如何维持现有骨位是一个重点，故采用了中立位托板固定。1 周后复查 X 线片时，见骨折稍有错位，此时可以通过手法矫正，但在手法过程中可能会影响骨位良好的上端尺骨，所以用分骨垫逐步矫正。压垫、小夹板运用只要符合法度，可以逐渐矫正骨位。

【案二】 海来某，男，11 岁，四川省理塘县人，因摔伤致左前臂疼痛，功能障碍 1 天，到门诊就医。

1天前，患者在爬树时不慎摔落，左前臂磕碰到一石头，当即感到左前臂疼痛，活动障碍，随后前往当地医院就诊，摄片后发现骨折，予以简单固定后到我院门诊进一步求医。

西医诊断：左尺桡骨双骨折

中医诊断：骨断筋伤

治法：采用手法复位后，纸压垫、小夹板固定，外用赤青膏，收入住院，门诊每日换药。1个月后逐渐解除小夹板，出院并开始使用患肢，3个月后患者基本恢复正常。

按语： 该患者属于尺桡骨双骨折，骨折并未在同一平面。整复时，尺骨近解剖复位，但桡骨只满足功能复位的标准。由于尺骨近解剖位，桡骨仅满足了功能复位，断口还有部分嵌插，如果此时再次复位，尺骨可能被抬开，而桡骨也不一定能完美复位，故未进行再次复位。所以解剖复位要追求，但并不强求，对儿童更是如此。

【案三】苟某，女，8岁，四川省芦山县人，因摔伤致右前臂疼痛，功能障碍1小时，到门诊就医。

1小时前，患者在家附近玩耍时，不慎摔倒，当即感到右前臂疼痛，功能障碍，到当地医院就医，摄片后提示尺桡骨双骨折，未做特殊处理，立即前往我院门诊就医。

西医诊断：右尺桡骨中段骨折

中医诊断：骨断筋伤

治法：由于断端无明显移位，故直接采用纸压垫、纸壳夹板及小夹板外固定。外用赤青膏，隔日门诊复诊。10天后复查X线片，见骨折断端桡骨骨位良好，尺骨有轻微移位。告知家长，骨位有所滑移，但不影响患儿功能，如不追求解剖复位，可不正骨。其家长同意后，采用小夹板外层加用纸壳限制前臂旋转。伤后6周开始解除外固定，伤后半年，患儿完全恢复正常。

按语： ①就诊时该患儿属于未移位的尺桡骨双骨折，分析其后来发生移位的原因，可能有以下几点：第一，双骨折，无另一骨的支撑；第二，尺骨为斜行，较桡骨更不稳；第三，患者为儿童，在不自觉中做了前臂旋转动作，而医生又认为中段可不超关节固定。尺桡骨中段骨折有移位趋势，可以通过限制前臂旋转，使骨折处更稳定。②对于已整复好或无移位的骨折，在治疗过程中只要能达到功能复位标准，向患者说明且征得患者同意后，不需要为追求解剖复位而再次整复，以减少不必要的痛苦。

【案四】赵某，男，16 岁，四川省雅安市雨城区人，因摔伤致左前臂疼痛，功能障碍 2 小时，到门诊就医。

2 小时前患者在踢足球时不慎滑倒，左手撑地后，当即感到左前臂疼痛，功能障碍。用三角巾悬吊后立即前往我院门诊就诊。

西医诊断：左尺桡骨中段骨折

中医诊断：骨断筋伤

治法：采用手法复位，小夹板、压垫固定，外用赤青膏。复位后复查 X 线片显示骨位良好，因患者系学生，不愿住院耽误课程，故嘱患者隔日门诊换药。10 天后复查，见骨位已有变动，桡骨位置尚可，尺骨向桡侧成角，但仍能接受，继续采用常规夹板、压垫固定。1 个月后换药发现骨折断端仍不稳定，复查 X 线片，见断端尺骨无明显骨痂生长。请陈老查看后，认为是压垫及夹板固定不合理所致，调整压垫并用纸壳夹板同时限制肘、腕活动，继续采用赤青膏外敷，小夹板固定，1 周后骨折断端逐渐稳定。伤后 2 个多月逐渐去除夹板，开始使用患侧肢。伤后 3 个多月改用活血止痛膏外敷，逐渐增加伤肢活动量，半年后患者功能完全恢复，伤肢外形正常。

按语：①尺桡骨双骨折为斜行时，骨折不稳定，容易错位，夹板、压垫比较难控制，再加上患者过度活动更容易发生错位，此时不仅需要准确放置夹板、压垫，更需患者配合。②1 个月后按常规，骨折断端已经基本稳定，而该患者断端仍然不稳，《正骨三字诀》中说"若不稳，必有因"，故"当参详，细查寻"。经分析，这是由于骨折断端活动度过大所致，故采用"调力点，控折力"，即加用纸壳夹板固定邻近的肘腕关节，限制部分肘腕关节的活动。经过调整后，断端活动减少，最终骨折愈合。

【案五】赵某，75 岁，四川省石棉县新棉镇东人，因摔伤致左前臂畸形、肿痛，活动受限超过 9 小时，到门诊就医。

9 小时前，患者在行走时不慎摔倒，左手触地后当即感到左前臂疼痛，活动受限，患者自行"接骨"后前往石棉县中医医院就诊，摄片提示左尺桡骨下段骨折，用石膏简单固定后前往我院进一步治疗。

西医诊断：左尺桡骨远端骨折

中医诊断：骨断筋伤

治法：采用手法复位，在复位时感觉断端有软组织嵌入，尝试采用旋转手法缓解嵌入，重复两次后仍然不行，建议入院手术治疗。术中证实断端确实有软组织嵌入，复位后用钢板螺钉固定。

按语：①该患者损伤比较重，再加之伤后自行接骨，造成断端有软组织嵌入。在非手术的情况下，如果嵌入软组织比较多是很难复位的，即使复位，一放手，断端又会弹出，此时应考虑手术治疗。②对于有软组织嵌入的患者，如果行手法复位，必须要先解除嵌入，但是不应反复、暴力尝试，一般2~3次如果不能解除嵌入，就应该改为手术治疗。

【案六】扎西某，男，10岁，四川省甘孜州人，因摔伤致右腕疼痛，功能障碍6小时，到门诊就医。

6小时前患者不慎摔倒，右手着地后当即感到右腕关节疼痛，功能障碍，立即前往当地医院就医，摄片后提示骨折，于是前往我院门诊就医。

西医诊断：右尺桡骨远端双骨折

中医诊断：骨断筋伤

治法：采用手法复位后，纸压垫、小夹板固定，外用赤青膏，收入住院，每日门诊换药。1个月后逐渐解除外固定，开始使用患肢，2个半月后患者基本恢复正常。

按语：①在手法复位时采用了加大成角，旋转手法整复，主要操作如下：助手双手握住骨折近端，术者将双手卡于骨折远端，双手拇指抵住尺骨及桡骨背侧骨折处，再将掌侧骨折处放于椅背上，加大成角，再反折，反折同时助手外旋远端，术者内旋近端。②对该患者进行复位时旋转尺侧的力量稍大，使骨折未能解剖复位，摄片后发现断端已有嵌插，调整压垫方向后未再次复位，因为在该位置上骨折愈合后既不影响功能，也不影响外形，换而言之，已经达到甚至超过功能复位标准，不必反复整复，追求解剖复位。

【案七】宋某，女，62岁，四川省名山区联江乡人，因摔伤致左腕疼痛、流血、活动受限3小时，到门诊就医。

3小时前，患者在行走时从约3m高的坎上摔倒受伤，当即感到左腕疼痛，活动受限。伤后未做特殊治疗，即到我院门诊就诊。

西医诊断：①左桡骨远端开放粉碎性骨折。

②左尺骨茎突骨折

中医诊断：骨断筋伤，皮破肉损

治法：先在我院急诊科进行清创缝合术，彻底清创缝合后，进行手法复位，小夹板固定，收入住院，要求每日在牵引下换药。术后复查X线片，见掌倾角过大。第2天，调整压垫种类及方向。1周后复查X线片，见骨位良好，继续维持小夹板固定。2周后复查X线片，骨位仍然良好。1个多月后复查X线片，已有少量骨痂填充断端，骨折处已开始稳定。2个月后逐渐解除外固定，开始加强功能锻炼。

按语：①患者系开放粉碎性骨折，就诊时伤口污染不严重，自内向外开放，彻底清创缝合后可闭合处理骨折。②由于骨折粉碎，加之复位时怕拉开缝合创口，故第一次复位时掌倾角过大。由于断口不稳，恰好可以用小夹板、压垫矫正，但一定要注意压垫的方向、力度、厚度。当骨位矫正后，要在牵引下换药，防止因骨折不稳而出现骨位偏离。

8. 桡骨骨折

【案一】王某，男，19岁，四川省汉源县人，因摔伤致右前臂疼痛，活动受限11小时，到门诊就医。

11小时前，患者在走路时不慎滑倒，右手着地后，当即感到右前臂疼痛，活动受限，被送至汉源县人民医院门诊就医，拍X线片检查后发现右前臂骨折，随后到我院进一步诊治。

该患者1年半前因摔伤致右桡骨骨折，在我院进行了右桡骨骨折内固定术。本次受伤前1个多月在我院进行了右桡骨骨折内固定物取出术。

西医诊断：右桡骨中下段再骨折

中医诊断：骨断筋伤，骨质不坚

治法：由于骨折处位移不明显，故采用纸压垫、纸壳夹板、小夹板、中立位托板固定，收入住院，每日门诊中立位牵引下换药，1个半月后断端已经逐渐稳定。

按语： 再骨折的诊断有下列五个条件，缺一不可：①累及原来骨折病灶；②技术上良好的接骨术和非手术治疗后骨折愈合，没有并发症发生；③术后处理正确；④金属内植物取出时间恰当；⑤存在新的损伤。该患者五个条件均满足，所以诊断为再骨折。

治疗上，因为该骨折移位不大，并且是上次手术部位发生骨折，如果再次采用手术治疗会进一步损伤断端的血供，增加骨折不愈合的风险。而非手术治疗可以最大程度保护骨折处的血供，不会额外增加不愈合的风险。只有当患者发生骨折不愈合时才行手术治疗，这可以减少一次手术风险和痛苦。

【案二】 张某，男，51岁，四川省邛崃市人，因摔伤致右前臂中段疼痛、功能障碍5小时，到门诊就医。

5小时前，患者在走路时不慎摔倒，当即感到右前臂疼痛，功能障碍，未做特殊处理，由家人陪伴到我院门诊就诊。

西医诊断：①右桡骨中下段骨折

②右前臂皮肤挫裂伤

中医诊断：骨断筋伤，皮破肉损

治法：采用端提法整复后，纸抱壳、小夹板固定，收入住院。每日门诊复诊，外用地榆膏。6天后复查X线片，见骨位有所滑移，按患者要求，再次整复后加用中立位托板固定腕关节。10天后前臂皮肤恢复，改用赤青膏外用。1个半月后逐渐解除外固定，开始使用患肢。

按语： ①对该患者的整复主要采用端提法，具体操作如下：一助手握住上臂近端，另一助手握住腕关节上方，对向牵引，术者双手拇指顶于骨折掌侧近端，双手食指顶于骨折掌侧远端，远端助手配合术者做向上端提，再向掌侧用力，同时术者示指顺势滑到骨折近端，并做前臂内旋动作复位。②该患者第一次复位满意，但后来复查X线片发现骨折位置有所滑移，主要是由于患者腕关节活动太多，以及发生前臂旋转所致，故第二次整复后加用中立位托板固定，限制前臂旋转，并控制腕关节活动，有效增强了断端稳定性。

【案三】 杨某，女，73岁，四川省天全县人，因摔伤致左前臂下端疼痛、功能障碍6小时，到门诊就医。

6小时前，患者在家中上厕所时突然摔倒，伤后立即感到左前臂下段疼痛，功能障碍，由家属陪伴前往我院门诊就医。

西医诊断：左桡骨下端骨折

中医诊断：骨断筋伤

治法：建议患者手术治疗。患者拒绝手术后采用手法复位，小夹板、纸压垫、中立位托板固定。复查X线片后见骨位较差，再次复位后，复查X线片见骨位尚可，继续采用小夹板、纸压垫、中立位托板固定。3天后开始做握拳运动，1个半月后逐渐解除外固定，开始使用患肢。

按语： ①该患者从1973年至今左手腕4次骨折，造成左桡骨长骨短缩，给复位造成了困难。第二次整复时主要采用了加大成角的旋转手法，具体操作如下：助手双手握住骨折近端，术者双手卡住骨折远端先加大成角，再反折，反折同时术者内旋近端，助手配合外旋，一气呵成。②经第二次整复后，骨折未解剖复位，但断端已有嵌插，比较稳定，再加之患者系老年人，现有骨位已完全能满足其日常生活，故未再做整复。③该患者采用了中立位托板固定，其目的是防止前臂旋转，增强断端稳定性。

【案四】 罗某，女，77岁，四川省雅安市望渔乡人，因摔伤致左前臂、左腕疼痛，功能障碍超过4小时，于2009年12月12日到我院门诊就医。

4小时前患者不慎从1m多高处跌下，立即感到左腕、左前臂疼痛，伴功能障碍，随即在家人陪同下来我院就医。

西医诊断：左桡骨下段骨折伴下尺桡关节脱位

中医诊断：骨断筋伤，关节错位

治法：采用手法复位后小夹板外固定，赤青膏外敷，每日在助手牵引下换药。伤后1周、2周、1个月时分别复查X线片，见骨位良好。45天后逐渐解除外固定，增加活动量。伤后2个月患者描述伤侧左腕旋转时疼痛，并且难以做旋转动作，告知患者旋转动作完全恢复需要很长时间，不用刻意过多旋转，以免影响恢复。伤后5个月，患者旋转时无明显不适，内外旋转功能达到健侧的60%，仍告知患者像正常手一样活动，不用做刻意训练。伤后9个月，左腕功能完全恢复。

按语： ①患者系桡骨下段骨折伴下尺桡关节脱位（盖氏骨折），虽然复位后X线片显示骨位良好，但其不稳定因素仍然存在，所以牵引下换药不可缺少。通过有效牵引，减小再移位的可能。②由于该类型的骨折损伤了下尺桡关节，所以其腕关节功能恢复较慢，尤其是旋转功能。在功能锻炼的过程中不能强力旋转，应让其在日常生活中逐渐恢复，以免重复损伤机制，再次受伤，延长恢复时间。

9.桡骨远端骨折

【案一】高某，女，55岁，四川省天全县人，因车祸致左腕关节疼痛，功能障碍3小时，到门诊就医。

3小时前患者被摩托车碰撞后立即感到左腕疼痛，活动障碍，随后被120救护车送至天全县人民医院就诊。摄左腕X线片后，医院建议手术治疗，患者不愿手术，随即前往我院门诊就医。

西医诊断：左桡骨远端粉碎性骨折

中医诊断：骨断筋伤，气滞血瘀。

治法：采用手法复位后小夹板外固定，用赤青膏外敷，每日在助手牵引下换药（非常重要）。伤后1周、2周、1个月、2个月分别复查X线片见骨位良好，2个月时复查X线片已可见骨痂生长，骨缺损一侧已有骨痂填充。解除小夹板，开始用患肢参与日常活动，逐渐增加活动量。

按语：患者系桡骨远端粉碎性骨折，有骨缺损，骨折处失去支撑，严重不稳。手法复位后骨折位置良好，但骨缺损仍然存在，断端也容易错位。在解除夹板换药时通过对向牵引，防止错位，尽量维持桡骨长度及关节面平整。在整个治疗过程中虽然没有复位每一个骨块，但是通过夹板、压垫、助手牵引换药，有效控制了骨折处再移位。

【案二】苏某，男，9岁，四川省甘孜州理塘县人，因摔伤致反应迟钝，双腕疼痛，功能障碍11天，到门诊就医。

11天前，患者过桥时从桥上摔下后意识丧失，被人救起后送至当地医院就诊，经简单处理后转至雅安市人民医院就医，诊断为：①硬膜外血肿；②双侧桡骨远端骨折；③全身多处软组织损伤。行输液及固定后，患者逐渐清醒，但反应迟钝。11天后患者出院，到我院门诊治疗骨折。

西医诊断：①硬膜外血肿

②左桡骨远端骨折

③右桡骨远端骨折

中医诊断：血出脉外；骨断筋伤，气滞血瘀

治法：向患者家长详细阐述目前复位的风险，以及复位难以解剖对位的情况，征得同意后对患者进行手法复位，小夹板固定，外用赤青膏。复位后复查 X 线片见骨折位置不太好，1 周后再次复查 X 线片，骨位稍有滑移，请陈老查看后认为现骨折已滑移到相对稳定的位置，骨折断端已开始稳定，在现有位置愈合虽然外观上有畸形，但对患者双腕功能不会有太多影响，不建议再调整。按陈老意见继续采用小夹板压垫固定，1 个月后复查 X 线片，见骨折处有骨痂生长。35 天后逐渐解除外固定，开始让患者使用患肢。3 个月后患者双腕活动基本恢复。在前 20 天的治疗中口服中药汤剂通窍活血汤，经治疗逐渐恢复正常。

按语：该患者就诊时已经错过了最佳整复时期，再加之有硬膜外血肿，担心整复时出现意外，故整复后骨位不佳。二次复查 X 线片时骨位还有轻微位移，但断口稳定，此时应将重点集中于患肢功能。儿童的骨塑性功能强于成人，遵循功能第一的要求，经评估后在不影响功能且家长能接受外观畸形的情况下，可以适当放宽对骨位骨线的要求。

【案三】王某，女，53 岁，四川省天全县人，因摔伤致左腕疼痛，功能障碍半小时，到门诊就医。

半小时前，患者在工地上不慎摔倒，左手掌撑地后即感到左腕疼痛，功能障碍，立即被送至我院门诊就医。

西医诊断：左桡骨远端骨折

中医诊断：骨断筋伤

治法：采用手法复位，小夹板固定，外用赤青膏。1 个月后复查 X 线片，见桡骨骨位有部分滑移，查体时见断端已稳定，逐步解除小夹板，开始让患者使用患肢，但此时患者告诉医生，伤后约 10 天，疼痛减轻时就已开始使用患肢了，现除旋转时较痛外，无其他明显感觉。告知患者控制旋转，约半年后，虽然患者手腕外观略有畸形，但是功能完全正常。

按语：该患者虽然手腕功能完全恢复，但其骨位并不好。主要原因有二：①医生未能详细告知患者何时动、怎样动；②患者由于自身工作原因（建筑工地指导施工者）不能按医生要求去做。《正骨三字诀》中说"不当动，严管控"，即不该动时应严格控制，防止骨位偏离；"须动处，活气血，筋舒展"，即该活动时才让患者动，而且要合理地动。遵循这些原则才能使治疗达到满意的效果。

【案四】郑某，男，43 岁，四川省名山区人，因摔伤致左腕关节疼痛，功能障碍超过 3 小时，到门诊就医。

约 3 小时前，患者在家中不慎摔倒，左腕着地后当即感到疼痛，功能障碍。患者未行特殊处理，立即前往我院门诊就诊。

西医诊断：左桡骨远端骨折（Smith 骨折）

中医诊断：骨断筋伤

治法：进行手法复位后，压垫、小夹板固定，因为骨折远端向掌侧，故将手固定于背伸位，外用赤青膏，收入住院，每日牵引下换药。1 周、2 周后分别复查 X 线片，见骨位良好，继续维持夹板、压垫固定。伤后 7 周，解除外固定，嘱患者开始日常活动。3 个月后，患者已开始中等量的劳动。9 个月后，患者完全恢复。

按语：Smith 骨折属于一种不稳定的骨折，复位后将手掌固定于背伸位有助于减少再移位风险。在牵引下换药不仅能稳定现有的骨位，还可以减轻肌腱粘连。该骨折固定时间偏长是因为骨折不稳定，过早解除外固定可能使骨折处变形，严重者将会影响患肢功能。

【案五】李某，男，6 个月，四川省天全县人，因摔伤致左前臂疼痛半小时，到门诊就医。

半小时前，患者从婴儿床上摔下，当即哭闹不止，家长立即带患儿到我院就医。在就诊过程中，初诊医生难以断定有无骨折，要求摄 X 线片以确诊，其家长说 X 线片有辐射，坚决不同意摄片，并且要求医生明确告知有无骨折，争执一番后，其家长要求请陈老诊治。陈老触诊后告知确有骨折，遂按骨折处理。

西医诊断：左桡骨远端青枝骨折

中医诊断：骨断筋伤

治法：采用手法整复，纸压垫、小夹板固定，外用地榆膏，25 天后解除外固定。

按语：治疗该病重点在诊断上，对于儿童，配合度差，在无 X 线片的辅助下要明确诊断尤为困难。《正骨三字诀》中说"明常态，方知变"，对于经验丰富的医生，通过触及骨的手感就可以做出判定；对于经验不足的医生，有一个简单的方法，认为可能有青枝骨折的地方，掌背侧对向用力，有骨折的患者从外形上可以明显看出呈弓形，放手后恢复正常，这就是试力，不仅能探明有无骨折，还可以大致了解骨折移位趋势。

【案六】张某，男，50岁，四川省芦山县人，因摔伤致左腕疼痛，流血，活动受限2小时，到门诊就医。

2小时前，患者在家中修电灯时不慎从约1m高的凳子上摔下，当即感到左腕部疼痛，活动障碍。伤后用一毛巾盖住伤口，由家人送至我院门诊就医。

西医诊断：左桡骨远端开放粉碎性骨折

中医诊断：骨断筋伤，皮破肉损

治法：先对伤口进行清创缝合术后，再对骨折进行手法复位，小夹板固定，伤口用无菌纱布敷盖，收入住院，嘱每日门诊换药。第2天患者体温升高，观察伤口无明显异常。第3天，患者仍然发热，观察伤口仍无明显异常。第4天，患者体温较昨日无明显变化。从入院第1天起就预防性使用抗生素，患者体温持续不降，考虑可能是伤口存在感染，故拆除缝线，充分暴露伤口，用匹罗沙星软膏做敷料覆盖伤口。第5天，体温降低。伤后1周，患者体温正常。伤后2周，伤口基本愈合，采用匹罗沙星软膏敷料覆盖伤口，外用地榆膏。35天后逐渐去除小夹板。

按语：开放骨折，6小时内创口污染不严重者可进行清创缝合术，但清创缝合后患者仍有感染的可能，如出现感染征象，需要及时处理，而处理的关键就是充分暴露及对症抗菌治疗。一般认为只要怀疑有感染，就应早期暴露，充分引流。

【案七】王某，男，40岁，四川省荥经县人，因摔伤致右腕、左手疼痛，功能障碍6小时，到门诊就医。

6小时前，患者在行走时不慎从正在修建的路边摔倒，当即感到右腕、左手疼痛，功能障碍，随后被120救护车送至附近医院就诊，摄片后医生建议患者进行手术治疗，患者拒绝手术，前往我院就诊。

西医诊断：①右桡骨远端粉碎性骨折

②左手第1掌骨基底部骨折脱位（本奈骨折）

中医诊断：骨折病，骨断筋伤；脱位病

治法：右桡骨远端骨折采用常规手法复位，中药赤青膏外敷，小夹板固定，常规牵引下换药，每日一换。左手本奈骨折，在牵引下推挤骨折远端，使脱位复位，赤青膏外敷，小夹板固定，同样需要每日在助手牵引下换药。1周后复查X线片，见骨位良好，左手第1掌指关节无脱位。3周后再次复查X线片，见骨位仍然良好，左手第1掌指关节无脱位。1个月后解除左手夹板，开始活动左手。35天后逐步解除右手夹板，并逐渐开始右手的日常活动。3个月后患者左手功能恢复正常，半年后患者右腕功能恢复正常。

按语： 第1掌骨基底部骨折脱位（本奈骨折）是一种极不稳定的骨折脱位，其特点可以概括为脱位整复容易，但固定较为困难。一般只要脱位被纠正，拇指功能就能基本恢复，故复位后必须在合理的牵引下换药才能维持住骨位。治疗的重点应该放在脱位上，围绕脱位的复位和固定来治疗。

【案八】高某，女，62岁，四川省天全县人，因摔伤致左腕部疼痛、畸形，功能障碍20分钟，到门诊就医。

20分钟前，患者在走路时不慎滑倒，左手撑地后当即感到左腕部疼痛，功能障碍，立即前往我院门诊就医。

西医诊断：①左桡骨远端粉碎性骨折

　　　　　②左手食指近节骨折

中医诊断：骨断筋伤

治法：桡骨远端骨折采用掌抖法复位。具体操作如下：患者仰卧于治疗床上，助手握住骨折远端，术者握住骨折近端，在用力拔伸牵引的同时做抖腕动作，完成后再卡住断端，环绕活动腕关节，复位完成后小夹板固定，固定时顺便将左手示指与中指固定在一起，外用赤青膏，隔日门诊复诊，牵引下换药。45天后逐渐解除外固定，加强伤肢功能锻炼。

按语： ①该患者被诊断为桡骨远端粉碎性骨折，其复位手法比较特殊，主要是通过掌抖法达到《正骨三字诀》中所讲的"平高突，起凹陷"的效果。②由于该患者桡骨骨折重，指骨骨折轻，无移位，故将重点集中于桡骨远端骨折，对于指骨，将其固定于相邻中指即可，主次分明，突出重点。

10. 桡骨继发骨折

马某，男，14岁，四川省芦山县人，因右前臂疼痛，功能障碍1小时入院。

1 小时前，患者在整理书包时突然感到右前臂疼痛，功能障碍，当即到我院门诊就医。该患者约 4 个月前因摔伤致右桡骨骨折，于我院门诊进行非手术治疗，于 2 个多月前解除外固定。

西医诊断：右桡骨继发骨折

中医诊断：骨质不坚，骨断筋伤

治法：采用小夹板直接固定，外用赤青膏，隔日门诊换药。2 个多月后摄 X 线片检查，证实骨折。临床愈合后，逐渐解除外固定。

按语：①该患者属于继发骨折，继发骨折的诊断有如下几点：第一，累及原来骨折病灶；第二，良好的接骨术和非手术治疗后，骨折愈合，没有并发症；第三，术后处理正确；第四，金属内固定物取出时间恰当；第五，存在新的损伤。五个条件均满足者可诊断为再骨折，至少一条不满足者为继发骨折。该患者无明显的新损伤，故诊断为继发骨折。②较幸运的是，该患者就医时骨折无明显移位，故直接采用小夹板固定，但固定时间要更长一些，并且早期限制右肘活动，目的是使骨折更充分愈合。

11. 腕舟骨折

易某，男，17 岁，四川省芦山县人，因摔伤致腕疼痛超过 1 个月，到门诊就医。1 个多月前，患者走路时不慎摔伤，手触地后即感到腕疼痛，但疼痛不严重，休息后稍有缓解，患者一直未做处理，于 1 个多月后到我院门诊就医。

西医诊断：腕舟骨陈旧性骨折

中医诊断：骨断筋伤

治法：告知患者及其母亲腕舟骨骨折可能出现的不良后果，包括骨折不愈合、延迟愈合、有坏死等，同时告知手术和非手术治疗该骨折的方法，以及出现不良后果怎样处理。之后，采用赤青膏外敷，小夹板外固定，鼓励患者在有夹板束缚的情况下进行握拳运动，隔日门诊换药。1 个月后患者腕舟骨压痛减轻。2 个月后腕舟骨压痛消失，复查 X 线片见骨折线模糊，逐渐解除夹板固定，外敷赤青膏，佩戴护腕。3 个月后改用活血止痛膏外敷，戴护腕进行保护并建议患者逐渐开始日常劳动。

按语：①该患者属于陈旧性腕骨骨折，就医不及时，故出现不良后果的可能性较大，必须要交代清楚骨折的整个治疗过程，以及出现不愈合、骨坏死等的处理方法，以取得患者配合。②腕舟骨骨折容易被漏诊，有时候初诊即使摄 X 线片也不一定能发现骨折，需要医生进行仔细的体格检查。在高度怀疑骨折时，先进行接骨处理，2 周后再次复查 X 线片，进一步检查以确诊。

12. 掌骨骨折

【案一】刘某，男，35 岁，四川省雅安市汉源县人，因摔伤致左手拇指疼痛，功能障碍 6 小时，到门诊就医。

6 小时前，患者走路时不慎滑倒，左手拇指触地后当即感到疼痛，功能障碍，于当地医院就诊，摄片后提示骨折，随后到我院进行治疗。

西医诊断：第 1 掌骨基底部骨折脱位（本奈骨折）

中医诊断：骨折病，骨断筋伤；脱位病

治法：在牵引下推挤骨折远端，使脱位复位，外敷赤青膏，夹板固定，收入住院，每日门诊牵引下换药。1 周时，感觉骨折脱位处仍明显不稳，牵引力放松便脱位。请陈老查看后，认为是夹板固定强度不够所致。换用高分子树脂材料量体造型进行固定，伤后半个月逐渐稳定，伤后 30 天开始解除外固定进行功能锻炼。

按语：治疗第 1 掌骨基底部骨折脱位的关键是怎样稳定固定。有时夹板在牵引复位后难以稳定固定，因为夹板只能固定住掌侧、背侧两个面，不能按骨之凹凸随形而做，难以良好固定。高分子树脂材料在加热后形状可以改变，冷却后变硬，用这种专门定制的模型可以包裹住骨折周围，使之更加稳定。稳定固定的方法有多种，不拘泥于夹板。

【案二】罗某，男，49 岁，四川省甘孜州人，因摔伤致左手疼痛，功能障碍 10 天，到门诊就医。

10 天前，患者从约 2m 高的楼梯上摔下，立即感到头部疼痛、流血，以及左手疼痛，功能障碍。随后前往当地医院就诊，头部给予清创缝合，左手给予石膏固定，并输液（具体不详）治疗。头部拆线后，患者为求进一步治疗，到我院门诊就医。

西医诊断：左第 3、4、5 掌骨骨折

中医诊断：骨断筋伤

治法：在助手牵引下矫正部分骨位后采用小夹板固定，外用赤青膏，隔日牵引下换药。1 个月后逐渐解除外固定，开始使用患肢。

按语：①该患者多个掌骨骨折，受伤时骨折并未发生明显错位。采用石膏固定后，由于患者肿胀渐消，再加之长途坐车，导致到我院门诊就医时断端有部分移位，所以骨折后采用石膏固定的患者在肿胀消退后要注意更换石膏，防止骨折错位。②由于患者相邻的 3 个掌骨均骨折，断端相当不稳，要通过非手术治疗使 3 个指头完全解剖复位相当困难，治疗中只要保证力线并控制旋转即可。

【案三】高某，男，32 岁，四川省雅安市雨城区人，因外伤致右手疼痛，活动障碍 12 小时，到门诊就医。

12 小时前，患者与人争吵后一拳砸在墙上，当即感到右手疼痛，活动障碍，立即前往雨城区医院就医。摄片提示右手第 5 掌骨骨折，给予石膏固定后建议患者入院进行手术治疗。患者回家休息一夜后，次日早晨到我院门诊就医。

西医诊断：右手第 5 掌骨骨折

中医诊断：骨断筋伤

治法：采用手法整复后，泡沫夹板固定，外用赤青膏，隔日门诊复诊，1 个月后解除固定，开始使用患肢。

按语：该患者在复位时主要采用了屈指整复法，具体操作如下：将掌指关节屈曲 90°，近节指间关节屈曲 90°，术者拇指抵于近节指间关节处，示指放于骨折近端，其余三指放于掌骨处，拇指用力推挤，以近节指骨为杠杆推挤掌骨头复位。泡沫夹板塑形成同样的形状，固定。

13.股骨颈病理性骨折

干某，男，5 岁，四川省荥经县人，因右膝疼痛 1 个月，到门诊就诊。1 个月前，患儿在幼儿园与其他小朋友玩耍时，被小朋友撞倒后压在身下，老师将其扶起后，患儿自诉右膝疼痛，能站立，不能行走，膝部无明显肿胀。随即被送往当地医院，摄 X 线片后告知骨头没有问题，是软组织损伤，取口服药（具体不详）后回家。1 个月以来，患儿仍不能行走，膝部一直无肿胀。1 个月后其父带患儿到我院门诊就诊。患儿全身情况尚可，能勉强站立，但不能行走，无压痛，侧方应力试验（－），抽屉试验（－），浮髌试验（－）。右侧腹股沟处有轻微压痛，托马斯征（－），艾利斯征（＋），4 字试验（＋）。经综合分析认为病灶在髋而不在膝，摄膝关节及髋关节 X 线片示：①右膝无异常；②右股骨颈部可见类圆形低密区，边界尚清，局部骨皮质变薄，内下缘骨质可见断裂，无明显错位，未见骨膜反应。

诊断：①右股骨颈病理性骨折

　　　②右股骨颈骨囊肿？

治法：按未位移的股骨颈骨折进行对应处理。

按语：该病案的重点不是治疗，而是诊断。由于小儿对疼痛和医生的畏惧会使病史叙述和体格检查的反应不是很准确，这就要求我们询问病史时要耐心仔细。膝关节的疼痛，一定要注意检查髋关节，因为髋关节疾病可以刺激闭孔神经，引起膝关节牵涉痛，因此在临床工作中，遇到无法解释的膝关节疼痛，应警惕病因可能来自髋关节。

14. 股骨中上段骨折

卓嘎某，女，6 岁零 6 个月，西藏昌都市江达县人，因摔伤致右大腿肿痛，活动障碍超过 1 天，到门诊就诊。1 天前患儿在玩耍时不慎从约 1m 高的台上摔下，当即感到右大腿疼痛，活动障碍，不能站立及行走。伤后于当地乡卫生院就医，考虑为骨折，给予固定后，前往我院门诊进一步求诊。

西医诊断：右股骨中上段骨折

中医诊断：骨断筋伤

治法：给予手法整复后，纸压垫、小夹板、钢托固定，收入住院，外用赤青膏，隔日换药。1 个半月后解除外固定，让患儿逐渐行走，防止跌倒。

按语：①由于大腿肌肉比较丰厚，该患儿骨折后移位不严重，故采用双手挤捺法整复，具体操作如下：患儿仰卧于硬板床上，一助手牵引近端，一助手牵引小腿，二人持续用力，从小劲逐渐增加力度。术者用双手掌心夹住骨折处，双掌用力，捺正移位的骨折。复位完成后稍微放松牵引力，轻微从膝部向髋推挤，看骨折处是否有滑动感，此法是测试断端是否靠上的一个方法。②在固定上，除了小夹板，还采用钢托超髋膝固定，其目的是限制住髋膝活动，加强骨折断端的稳定性。

15. 髌骨骨折

【案一】吴某，女，48 岁，四川省邛崃市人，因摔伤致右膝关节疼痛，活动受限 4 小时，到门诊就医。

4小时前患者在下楼梯时不慎摔伤，当即感到右膝关节疼痛，活动受限，随后前往当地医院就诊，摄片后发现骨折，随即前往我院门诊就诊。

西医诊断：右髌骨骨折

中医诊断：骨断筋伤

治法：采用纸压垫做成抱膝，并配合钢托伸膝位固定，外用赤青膏，隔日一换。第3天用针抽出膝关节内的瘀血并加压固定。6周后解除外固定，开始膝关节屈伸活动。

按语：①该患者髌骨骨折，断端稍有分离，伸膝状态下股四头肌放松，解除了对髌骨的纵向牵拉。纸压垫的挤压作用不仅能控制分离，而且能复位骨折。一般来讲，经抱膝样纸垫配合钢托伸膝位固定的患者不影响行走。②膝关节中的瘀血必须尽可能抽出，但时间不宜过早，也不能过晚，一般以伤后2～4天为宜。过早时断端还处于出血状态，一旦抽出瘀血，膝关节腔压力减轻，断口会继续出血；时间太晚，血肿已形成，则血块难以彻底抽出。

【案二】马某，女，62岁，四川省天全县人，因摔伤致左膝关节疼痛1小时，到门诊就医。

1小时前，患者在路上行走，不慎被一电瓶车撞倒，当即感到左膝疼痛，尚可以站立及行走，随后前往我院门诊就诊。

西医诊断：左髌骨骨折（纵行）

中医诊断：骨断筋伤

治法：采用纸壳做成抱膝圈固定，外用赤青膏，1周内用短钢托限制膝关节活动，1周后解除，1个月后患者基本恢复。

按语：①该患者在行X线片检查前可以站立及行走，肿胀也不明显，对于骨折诊断具有迷惑性，但是有一较特殊体征——在对向挤压髌骨时疼痛明显，再配合其他一些体征如髌骨压痛，即使在无X线片检查的情况下也可以做出骨折的诊断。所以对于一些特殊患者（如孕妇）不能行X线片检查时，只要有对向挤压髌骨疼痛，或有明显外伤史，应高度怀疑骨折。②对于该患者，早期使用短钢托的目的不是防止骨折移位，而是减少膝活动，防止断端出血增加及加重软组织损伤。

16. 胫腓骨骨折

【案一】高某，男，59岁，四川省雅安市雨城区人，因摔伤致左膝疼痛，活动受限2天，到门诊就医。

2天前，患者在修建房屋时从一约2m高的架上落下，当即感到左膝疼痛，活动受限，不能站立及行走，随后前往当地医院就诊，诊断为左胫骨平台骨折，建议患者手术治疗，患者拒绝手术，前往我院门诊就医。

西医诊断：左胫骨平台骨折（Schatzker I 型）

中医诊断：骨断筋伤

治法：建议患者手术治疗，患者坚决要求非手术治疗，采用手法复位，具体操作如下：一助手牵引大腿，一助手牵引小腿，术者双手握住左膝平台处，做环形挤压，同时嘱助手外翻膝关节，复位后采用纸压垫、纸抱壳、钢托固定，外用赤青膏，隔日门诊复诊换药。2个月后逐渐解除固定，开始行走。

按语：该患者有明显的手术指征，但是通过复位及纸压垫的固定加压及抱壳、钢托的固定，最终获得了较为满意的骨位。非手术治疗后患者恢复日常的劳动力，但是由于膝关节为负重的大关节，非手术治疗对关节面平整的恢复肯定比不上手术，故发生创伤性关节炎的可能性较手术治疗要偏高些。故建议年轻且关节面严重不平的患者还是首选手术治疗。

【案二】张某，女，18岁，四川省天全县人，因摔伤致左膝部肿痛，活动受限超过2小时，到门诊就医。

2个多小时前患者在骑电瓶车时不慎摔倒，当即感到左膝部疼痛，活动受限，并见左膝肿胀。伤后未做处理，直接送至我院门诊就医。

西医诊断：①左胫骨平台骨折（Schatzker III 型）

　　　　　②左膝前交叉韧带损伤

　　　　　③左膝外侧半月板损伤

中医诊断：骨断筋伤；气滞血瘀

治法：建议患者采用手术治疗，患者坚决要求非手术治疗，故采用手法整复后纸压垫、纸抱壳、小夹板、钢托固定，外用赤青膏，收入住院，门诊换药，伤后3天抽出瘀血，1个半月后逐渐解除外固定，开始左膝关节功能锻炼。

按语：①对该患者手法复位时采用三人整复法：一名助手握住患者大腿，一名助手握住小腿，术者双手卡于胫骨平台处，双手拇指抵于外侧平台处，在向内推挤的同时嘱远端术者强力外翻整复，复位完成后术者卡住平台，在牵引下屈伸左膝。手法整复很难将塌陷骨折复位，但是可以使劈裂、外移的骨块整复，最后在牵引下活动关节至尽量恢复膝关节的关节面平整。②现代医学认为，膝关节面不平整只要超过2mm就有手术指征，但是我们认为关节具有一定的碾磨功能，在后期可以自行打磨光整，重新匹配。其治疗要点主要为关节足够稳定，膝关节面并不是严重的不平整。

【案三】邓某，男，3岁零2个月，四川省天全县人，因跌伤致右小腿疼痛，不能站立2小时，门诊就医。

2小时前患儿在幼儿园玩耍时被他人推倒后当即说小腿痛，可以站立但不能行走，老师告知家长后，家长带患儿到门诊就医。

西医诊断：右胫骨中段骨折

中医诊断：骨断筋伤

治法：患儿就诊时对其进行仔细查体，发现右胫骨中段前方压痛明显，嘱患儿自行走路，患儿可以站立，但始终不走，其余无异常。告知其家长需行X线片检查以排除骨折，家长不愿，再三解释后才勉强同意，摄X线片后发现胫骨中段骨折，采用硬纸壳固定，外用中药赤青膏，门诊隔日换药，4周后解除外固定。

按语：该病的重点不在治疗，而在诊断。患者系儿童，对病情表达不清楚，再加之其家长比较排斥X线片检查，给诊断造成了困难。按《正骨三字诀》"承顺劲"的理念，可以诊断是否存在骨折。"承顺劲"运用在下肢可以理解为不能承劲（不能承受身体重量），也就是患儿不能行走，那么多数有骨折。此时最好进行X线片检查，如果患儿家长拒绝，一定要给家长讲明，并按骨折处理。

【案四】陈某，女，70岁，四川省天全县人，因被石头砸伤，致左小腿疼痛，活动受限20分钟，到门诊就诊。

患者于20分钟前在马路上行走时不慎被一施工车辆碾起的石头砸中左小腿，立即感到左小腿疼痛，活动受限，不能站立及行走，被同行的人送至我院门诊就诊。

西医诊断：左胫腓骨中下段粉碎性骨折

中医诊断：骨断筋伤

治法：考虑系高龄患者，对手术比较畏惧，故采用手法复位，小夹板固定后收入住院。收入住院后考虑到胫腓骨双骨折再加上粉碎，骨折部不稳，如需更好地维持牵引，需加用跟骨结节牵引，如果不进行跟骨牵引也能符合中医功能复位要求，只是摄 X 线片会显示骨折稍有错位。患者考虑到牵引后行动不便，未进行跟骨牵引，而采用小夹板钢托固定。1 个月后患者可扶双拐用伤肢不负重行走。3 个月后能不用双拐行走，复查 X 线片见骨折稍有成角。半年后功能完全恢复。

按语： ①由于现代生活节奏快，针对年轻人小腿骨折多采用手术方法，以减少住院时间。但针对不愿进行手术者或是特殊人群，小夹板固定也是一种可取的手段，它能降低手术风险，减轻患者对手术的恐惧。②针对不稳定的小腿骨折，光靠夹板、压垫、钢托难以维持解剖对位，但是没有必要过分追求解剖复位，只要能达到功能复位就足够了。

【案五】 陈某，男，52 岁，四川省芦山县人，因扭伤致右小腿疼痛 3 小时，到门诊就医。

3 小时前患者在下楼梯时不慎摔倒，当即感到右小腿疼痛，不能站立及行走。随后前往当地医院治疗，摄片后发现胫骨骨折，建议患者行石膏固定，患者为求进一步治疗前往我院门诊就医。

西医诊断：右胫骨远端粉碎性骨折

中医诊断：骨断筋伤

治法：采用纸压垫、纸壳夹板、小夹板、钢托固定，外用赤青膏，隔日门诊换药。调整小夹板松紧，1 个月后患者可扶双拐不负重下地行走，50 天后患肢逐渐受力。3 个月后患者可正常行走，1 年后患者已可参加篮球、足球等体育活动。

按语： ①对于移位不大的胫骨骨折不需要复位，直接固定即可，固定方式有多种，但我们认为采用压垫、夹板配合钢托的效果优于石膏。第一，小夹板、压垫固定利于调节松紧度，便于更换；第二，在制作压垫时可以根据患者的具体情况制作；第三，其透气性优于石膏，也比石膏更轻。②患者采用三点纸垫法，骨折处胫侧放一平纸垫，再在骨折的腓侧远近端各放一纸垫，其中远端为梯形（靠近踝关节处），这样三点挤压有利于断端稳定。

17. 踝部骨折

【案一】叶某，女，32岁，四川省荥经县人，因扭伤致右踝关节疼痛，活动受限5小时，到门诊就诊。

5小时前，患者在行走时不慎踩空，右足着地后当即感到右足疼痛，功能障碍，随后被家人送至当地医院就诊，摄片后采用钢托固定。随后患者及家人前往我院进一步寻求治疗。

西医诊断：①右腓骨远端骨折

②右胫腓联合分离

③右胫距关节脱位

中医诊断：骨断筋伤，关节错位

治法：采用手法复位后，夹板、钢托固定，外敷地榆膏。1周后改用赤青膏外敷，1个月后解除钢托，1个半月后逐渐解除外固定夹板，2个半月后患者已能不用拐杖行走，半年后基本恢复正常。

按语：①该患者踝部严重损伤，踝关节复位要求尽量恢复关节面平整，对此我们采用三人整复法：一人握住小腿，一人握住足部及跟骨，对向牵引，术者向内侧推挤腓骨远端及距骨时，远端助手内旋，复位成功后压垫、夹板、钢托固定，固定方向与受伤方向相反。②早期采用院内制剂地榆膏外敷，是因为受伤早期出血甚、肿胀重，地榆膏凉血止血功能较为明显，对皮肤刺激小。7天后肿胀渐消，采用赤青膏外敷，增强续筋接骨的作用。二者在不同时期、不同阶段的使用，体现了中医辨证施治的理念。

【案二】汪某，女，29岁，四川省天全县人，因摔伤致右踝关节疼痛，功能障碍半小时，到门诊就医。

半小时前，患者从约半米高的地方落下，右足着地后当即感到右踝部疼痛，功能障碍，不能站立及行走，随后被家人送至我院门诊就诊。

西医诊断：①右内、后踝及腓骨下段骨折

②右胫距关节脱位

③右下胫腓联合分离

中医诊断：骨断筋伤，关节脱位

治法：建议患者行手术治疗，患者与家人商量后坚决要求非手术治疗。采用手法复位，夹板、钢托固定，地榆膏外敷，10天后改用赤青膏外敷。1个月后去除钢托。1个半月后逐渐解除外固定夹板。3个月后患者可不用双拐正常行走。半年后可进行中等量的体力劳动。

按语：①该患者属于踝部严重损伤。踝关节属负重关节，对复位要求较高，整复操作中助手握住骨折近端外旋牵引，术者内旋踝关节的同时内翻背伸踝部。整复后复查X线片，除见后踝有一小骨片外，骨折基本复位。后踝的小骨片小于踝关节约1/4，按现代医学标准，可不进行手术。②早期采用院内制剂地榆膏，因为受伤初期出血甚、肿胀重，地榆膏止血功能强，对皮肤刺激小。10天后肿胀渐消，采用赤青膏以增强续筋骨的作用。③复位后采用夹板、压垫固定。夹板、压垫的放置位置一定要准确，要与受伤姿势相反才能防止再次位移的发生。④患者就诊及时，在肿胀不明显时就诊，利于复位。如肿胀明显，复位难度必定增加，所以患者及时就医也是成功治疗该病的一个重要因素。

【案三】张某，女，67岁，四川省雅安市雨城区人，因摔伤致右踝疼痛，活动障碍2小时，到门诊就医。

2小时前，患者在下楼梯时不慎踩空、摔倒，当即感到右踝关节疼痛，活动障碍，立即被送至雅安市人民医院就诊，摄片后提示骨折，建议患者手术治疗，患者拒绝手术，要求非手术治疗，故到我院门诊就医。

西医诊断：①右内、外、后踝骨折

②右踝关节半脱位

中医诊断：骨断筋伤，关节散脱

治法：首先建议患者手术治疗，患者坚决要求非手术治疗，故采用手法复位。纸压垫、小夹板、钢托固定，外用赤青膏，隔日门诊就诊，1个月后解除钢托，开始踝关节的屈伸活动。45天后可以逐渐负重行走。

按语：①该患者有明确的手术指征，但坚决要求非手术治疗。在整复和固定的过程中，最关键的是使距骨归位并固定住，只要距骨复位，内外踝骨折块即能随之复位。但由于后踝有明显塌陷，手法是难以复位的。②骨折愈合后，可见后踝塌陷，关节面不平，但患者关节稳定性较好，加之已属高龄（67岁），无繁重的生产劳动任务，即使发生创伤性关节炎，时间也会较晚，不会影响患者的日常生活。

【案四】 曹某，女，76岁，四川省汉源县人，因摔伤致左踝疼痛，活动受限12天，由住院部医生带领到门诊就医。

12天前患者在下楼梯时摔倒，当即感到左踝部疼痛，活动受限。伤后于附近医院就诊，摄片提示骨折，未做处理即到我院就诊，门诊检查后建议手术治疗，遂转诊到成都医学院附属医院，给予牵引、输液、降血糖等治疗，后因麻醉前出现心脏问题，担心出现麻醉意外，再次到我院寻求非手术治疗。由急诊科医生摄片后收入住院，再由住院部医生带领到门诊就医。

西医诊断：①左内、外踝骨折伴距骨半脱位

　　　　　②2型糖尿病

　　　　　③原发性高血压

中医诊断：骨断筋伤，关节错位

治法：采用手法复位后，纸壳压垫、小夹板、钢托外固定，外用赤青膏每日换药。1个月后，虽然骨折断端不是很稳定，容易发生变形，但是患者已可以扶拐下地行走。40天后逐渐解除外固定。

按语： 该病属踝关节骨折脱位，具有手术指征，但无法进行手术治疗。该病例治疗的重点在复位，医生主要采用了牵引旋转复位法，复位后靠小夹板压垫的力量维持骨位。由于该骨折不是Pilon骨折，不影响承重，所以1个月后患肢便可逐渐纵向受力。对于合并有较重老年性心脑血管疾病、糖尿病等的患者，只要患者能恢复基本的生活能力即可。

【案五】 高某，女，42岁，四川省邛崃市人，因扭伤致左踝关节疼痛，活动障碍45天，到门诊就诊。

45天前，患者在下楼梯时不慎扭伤，当即感到左踝关节疼痛，活动受限，前往当地医院就诊，摄X线片后诊断为左外踝骨折，予以石膏固定，伤肢可扶双拐不负重行走。半个月后更换石膏，伤肢仍扶双拐不负重行走。35天后，摄片见骨位良好，去除石膏嘱患者回家逐渐负重行走。患者回家后伤肢一触地便觉左踝疼痛，自认为骨头没有长好，继续用石膏固定左踝。44天后去除石膏，伤肢一触地仍觉左踝疼痛，于伤后45天前往我院就诊。

西医诊断：左外踝陈旧性骨折

中医诊断：筋脉粘连

治法：去除石膏固定，用大力易筋酒按揉左踝关节及周围，由轻到重，由浅入深；再缓慢屈伸左踝关节，在屈伸到患者疼痛难忍处时稳定数秒，逐渐增大活动范围。待双踝活动范围大致一样后，让患者自行活动，最后让患者站立，双手扶靠背椅原地踏步，待患者适应后嘱其以该动作行走。一次治疗后患者就能不用拐杖下地缓慢行走，再用活血止痛膏外敷，同时嘱其回家后进行同样的锻炼。

按语：①该患者由于固定时间过长造成了筋脉粘连和挛缩。《正骨三字诀》中有"近节处，常转活，动宜早，迟筋缩"，意指邻近关节处一旦骨折稳定，便应开始关节早期活动。②由于该患者粘连不是很严重，故手法治疗便可以使挛缩的筋脉部分恢复，该手法的要点为由浅入深，由轻到重，以患者能承受为度。③外用活血止痛膏，是为了进一步促进骨折的恢复。

【案六】高某，女，31 岁，四川省天全县人，因右外踝骨折 3 个多月，到门诊就诊。

3 个多月前，患者走路时不慎扭伤右踝关节，当时可以勉强站立，但是不能行走，到我院门诊就医，诊断为右外踝骨折，予以纸壳夹板固定，赤青膏外敷。1 个月后去除纸壳夹板，继续用赤青膏外敷。受伤期间正值农忙，患者没有按照医生的要求休息。2 个月后患者仍时感右踝关节酸痛，天气变化及过度活动后明显，休息后可缓解。

西医诊断：右外踝陈旧性骨折

中医诊断：经脉失养

治法：采用灸条灸右踝，一次 15 分钟，外敷双乌化瘀膏，戴护踝，隔日门诊复诊，嘱患者减少活动。1 个月后症状缓解，2 个月后症状消失，嘱患者继续坚持戴护踝，逐渐增加活动量但又不可过量。3 个月后恢复伤前劳动力。

按语：该病例为陈旧性外踝骨折，由于治疗期间过劳造成经脉失养，通过中医温经通络的方法，配合踝关节的保护，最终恢复劳动力。该病例后期治疗的关键在于活动量的把握。

18. 跟骨骨折

【案一】欧某，女，56 岁，四川省天全县人，因摔伤致左足跟疼痛近 1 小时，到门诊就诊。

近 1 小时前，患者在汽修厂打扫卫生时不慎从约 2m 的高处摔下，左足跟着地后当即感到疼痛，不能站立及行走，随后被人扶起，前往我院门诊就诊。

西医诊断：左跟骨粉碎性骨折

中医诊断：骨断筋伤

治法：建议患者手术治疗，因为骨折波及关节面，使关节面不平整，手术能更好地恢复关节面的平整程度。向患者说明后，患者拒绝手术，要求采用非手术治疗。故采用手法整复，纸垫、纸壳夹板、钢托固定，赤青膏外敷，每日门诊复诊换药。45 天后开始解除外固定，逐渐用患足踩地，并增加活动量。3 个月后患者可不用拐杖正常行走，但仍然可以感到患足不适，嘱其注意控制活动量。半年后仍有不适，但已不明显。约 1 年后不适感消失，完全恢复正常。

按语：①对于跟骨骨折，在非手术情况下是难以使每个骨折块复位的，采用手法复位主要是恢复跟骨高度及跟骨轴线，只要高度和轴线基本正常，对患者（尤其是不做重体力劳动者）影响不大。②该骨折一定要避免早期负重，否则跟骨便会进一步塌陷，从而影响功能。

【案二】谢某，男，62 岁，四川省简阳市人，因摔伤致足跟部肿痛，功能障碍超过 20 个小时，到门诊就医。

20 多个小时前，患者在泸定县滨江路行走时从约 2m 高的坎上跌下，当即感到左足跟部疼痛，不能站立及行走，被送至当地医院就诊，摄片发现跟骨骨折，于是患者前往我院门诊就诊。

西医诊断：左跟骨骨折

中医诊断：骨断筋伤

治法：采用手法整复后，纸压垫、钢托固定，外敷赤青膏，收入住院，每日门诊换药。2 个月后逐渐解除外固定,2 个半月后开始逐渐负重行走，伤后约 1 年，患者基本恢复。

按语：按现代医学的观点该患者具有明显的手术指征，但患者拒绝采用手术治疗。采用非手术治疗复位时主要强调两点：第一，尽量恢复足弓高度；第二，尽量使关节面平整。复位时在牵引下活动关节是必需的一个步骤。采用足弓垫固定是最重要的一环，它能维持足弓的高度。

19. 足多发骨折，Listranc 损伤

张某，男，34 岁，四川省天全县人，因摔伤致左足疼痛 3 天，到门诊就诊。

3 天前患者在工地上不慎从约 2m 高的地方摔下，左足着地后当即感到疼痛，不能站立及行走，被立即送往当地医院就诊，摄片后医生建议进行手术治疗，随后患者到我院就诊。

西医诊断：①左足第 2 跖骨基底部骨折，2～5 跖跗关节半脱位（Listranc 损伤）
　　　　　②骰骨撕脱骨折

中医诊断：骨断筋伤，脱位

治法：直接采用纸壳夹板固定，外用赤青膏，每日门诊复诊。伤后 9 天，肿胀减轻后，对足进行对向挤压，使其向中心靠拢，增强纸壳夹板厚度，继续固定。伤后 35 天，患者可轻微触地行走。伤后 2 个半月，患者可正常行走。

按语：Listranc 损伤是一种较为严重的损伤。患者就诊时，足部肿胀严重。肿胀消退时，骨折处还不坚固，脱位后的软组织还没有明显挛缩，因患者第 1 跖骨及跖跗无明显损伤，所以整复和固定都可以视其为稳定轴。复位后增强纸壳夹板厚度也是为了提供更有力的支撑，以维持复位。

（二）脱位

1. 肩关节脱位

【案一】刘某，女，28 岁，四川省芦山县人。

2012 年 7 月 4 日陪同家人就诊后请医生顺便帮其检查，自诉小时候左肩受伤后未进行诊治，其后偶有出现左肩酸痛不适，以长时间劳作、运动后明显，休息便可缓解。

西医诊断：左肩关节陈旧性脱位

中医诊断：关节错缝，筋脉受损

治法：建议患者控制活动量，平时可用大力易筋酒按揉左肩，如疼痛严重，可外用双乌化瘀膏（万应膏）。

按语：患者左肩脱位而未进行整复，但通过自己锻炼和机体适应，使左肩活动基本正常（见图片），这种状态可称为在不正常位置的正常功能态。此状态与关节在正常位置的正常功能态是有区别的，主要表现在耐受疲劳的程度上。脱位后，关节周围的肌腱、韧带长期处于不正常的位置，肌腱、肌肉容易疲劳，一旦活动量大，便会出现不适症状。治疗上，由于患者已经适应了不正常位置，且功能基本正常，能满足其日常生活，所以不建议患者进行手术。手术能恢复关节相对位置，但其功能多会受损，故治疗主要强调患者对肩部的保护及合理使用，以延长关节在不正常位置的正常功能态的使用时间。

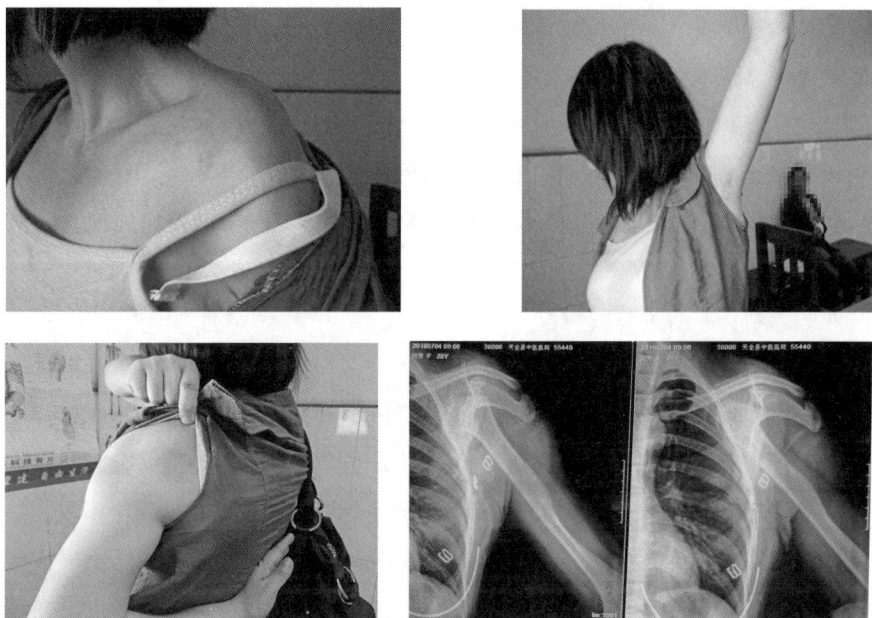

【案二】曾某，女，37 岁，西藏昌都江达县人，因摔伤致左肩疼痛，功能障碍超过 1 个月，到门诊就诊。

　　1 个多月前，患者在做农活时不慎摔倒，当即感到左肩疼痛，功能障碍，由于地方偏远，未到医院就医，现到我院门诊就诊。

　　西医诊断：左肩关节陈旧性脱位伴大结节骨折

　　中医诊断：骨及关节错位，筋有粘连

　　治法：建议患者试行手法复位，如整复不成功，再行手术治疗。患者同意后采用卧位，臂过肩复位。第一次复位失败，请陈老先生查看后，认为患者属陈旧性脱位，但在左肩部肌肉完全放松的情况下仍有少许活动余地，可以再试行复位，仍采用常规臂过肩复位法。具体操作如下，患者仰卧于治疗床上，一助手双手握住患者双侧足踝，两名助手牵引患者前臂过肩，术者双手拇指推住肱骨头，其余手指环抱住锁骨，助手极度外旋上臂，在屈肘情况下内收前臂，在此过程中嘱患者深呼吸并尽量放松，此时术者有明显滑动感，脱位已复位，骨折块也随之复位，随后绷带固定，复查X线片确认。固定3周后开始左肩功能锻炼。

按语：陈旧性肩关节脱位在整复时难度较高，整复前需要仔细评估，如果周围软组织粘连严重，关节无任何活动余地，则复位更加困难，手法尝试不成功后应改手术治疗，不应反复、多次整复。整复要点为尽量放松肩部，顺势复位。

【案三】段某，男，56岁，四川省雅安市芦山县人，因摔伤致左肩疼痛，功能受限超过4小时，于2009年12月29日到门诊就医。

4个多小时前，患者不慎摔伤，当即感到左肩疼痛，未做任何处理立即前往我院门诊就医。

西医诊断：左肩关节后脱位

中医诊断：关节错位，气滞血瘀

治法：患者就诊后拍左肩DR片（正、侧位）未见异常，再加拍特殊位片（穿胸位）后证实存在后脱位。采用俯卧位牵引下复位，左肩后伸位固定，外用赤青膏；3周后解除外固定，开始功能锻炼；1个多月后患者左肩功能完全恢复。

按语：肩关节后脱位是一种骨科少见疾病，尤其在CT未被广泛使用前临床极易漏诊。多数患者无明显症状、体征，只有肩部轻微后突及功能障碍。在怀疑有肩关节后脱位时，应采用特殊位X线片检查，或进行CT检查，只要诊断明确，治疗相对容易。

2. 肘关节脱位

【案一】王某，女，43岁，荥经六合乡人，因摔伤致左肘关节疼痛，功能障碍超过6小时，于2015年12月14日到门诊就诊。

6个多小时前，患者在山上劳作不慎滑倒，左手腕着地，当即感到左肘疼痛，活动障碍，立刻到我院门诊就诊。

西医诊断：肘关节恐怖三联征

中医诊断：骨断筋伤，关节错位

治法：采用手法复位后，脱位完全纠正，只有冠突及桡骨头骨折块仍有部分游离，用硬纸壳夹板固定1周后，在医师指导下行左肘屈伸功能锻炼。2016年2月1日复查，左肘屈伸功能基本正常，旋转对比健侧达80%，嘱患者继续进行功能锻炼，适当用患肢参与日常生活。2016 年 3 月 12 日患者再次就诊，左肘功能完全恢复，建议患者参加一般量的劳动生产。

按语：肘关节恐怖三联征是一种肘关节严重损伤，我们认为最终患者功能恢复很大程度上取决于其合理的功能锻炼，与医生配合好的患者预后要远远好于配合不好的患者。当肘关节脱位复位后，关节能够保持稳定，就可以考虑非手术治疗，并且应该尽早进行功能锻炼，以恢复肘关节功能。在非手术治疗中，并不过度强调复位每一个骨片。

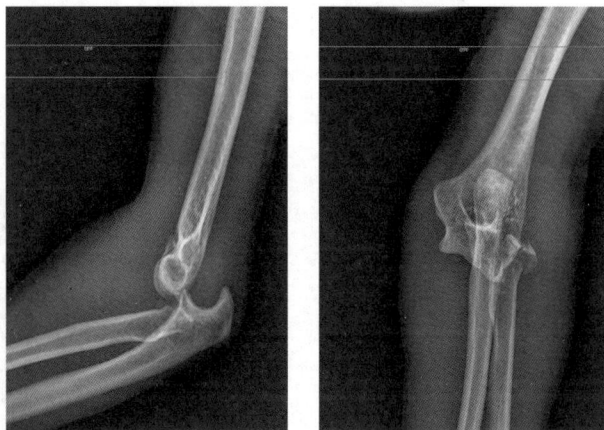

伤后 X 线片

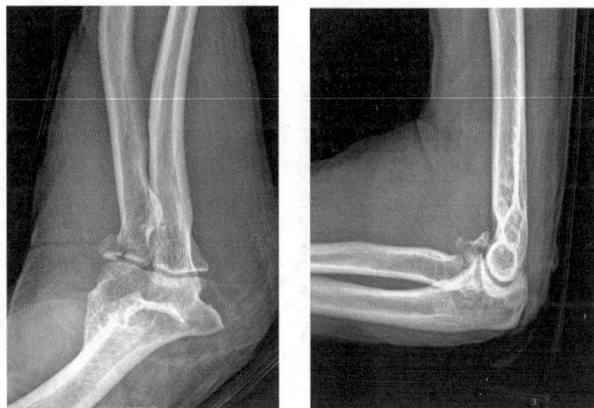

复位后 X 线片

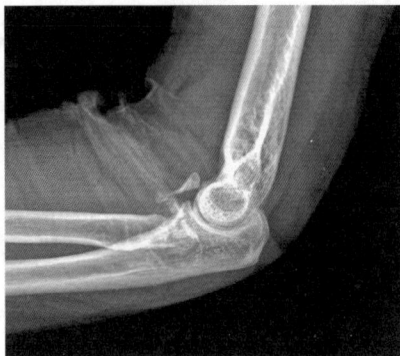

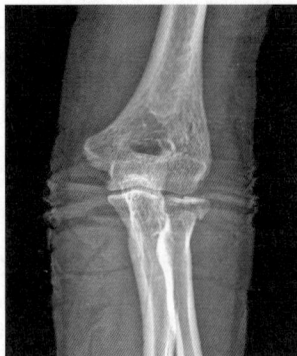

2016 年 2 月 1 日 X 线片

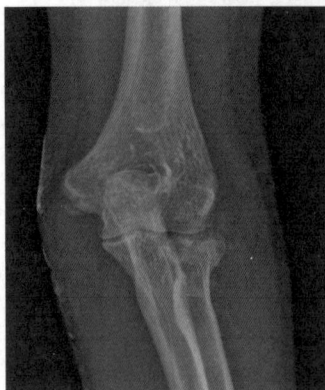

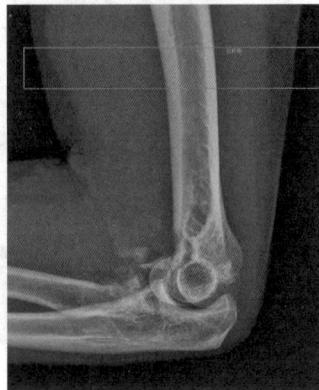

2016 年 3 月 12 日 X 线片

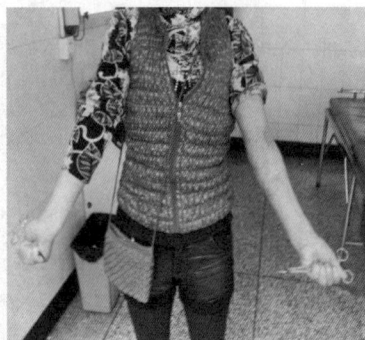

2016 年 3 月 12 日患者左肘功能情况（一）

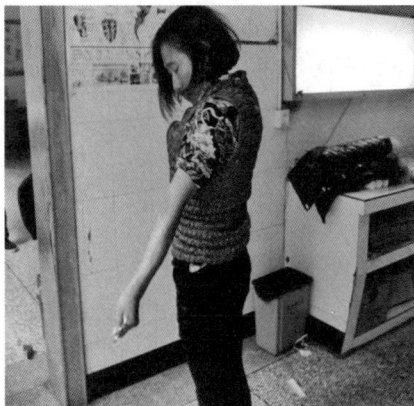

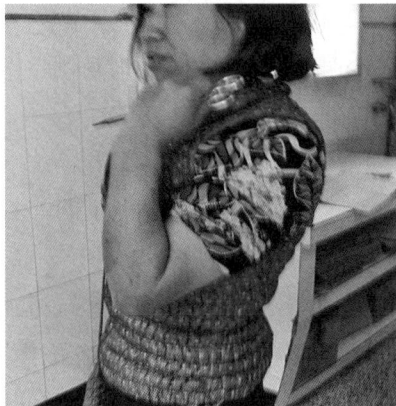

2016 年 3 月 12 日患者左肘功能情况（二）

【案二】韩某，女，46 岁，四川省名山区人，因摔倒致左肘、左腕疼痛，功能障碍超过 2 小时，到门诊就诊。

2 个多小时前，患者在采茶叶时不慎从约 2m 高的坎上摔下，随即感到左肘及左腕部疼痛，功能障碍。未做其他处理，立即前往我院门诊就诊。

西医诊断：①左肘关节脱位

②左桡骨远端骨折

中医诊断：脱位病；骨折病，骨断筋伤

治法：患者仰卧于平板床上，先按常规整复左肘关节脱位，整复完成后，在肘关节屈曲大于 90°的情况下再整复同侧桡骨远端骨折。完成后，用小夹板固定桡骨远端骨折，再用纸壳夹板固定左肘关节脱位，外用赤青膏，收入住院。每日门诊在牵引下换药。复位后立即摄片，见左肘脱位复位，左桡骨远端骨折复位尚可。1 周、2 周、1 个月后复查 X 线片见骨折位置良好。伤后 2 周去除固定左肘的纸壳夹板，开始左肘功能锻炼。伤后 6 周去除小夹板，开始日常活动。半年后完全恢复。

按语：在同一侧多处损伤的情况下，一般处理顺序为先简单、后复杂。肘关节脱位相对好处理，复位后，在屈曲大于 90°的情况下不易再脱出，故先处理。完成后，再集中处理较复杂的桡骨远端骨折。

【案三】石某，男，9 岁，四川省荥经县人，因摔伤致左肘部疼痛、畸形，功能障碍 2 小时，到门诊就医。

　　2 小时前，患者在玩耍时摔倒，当即感到左肘疼痛，活动障碍，立即前往我院门诊就医。

　　西医诊断：①左肘关节脱位

　　　　　　　②左肱骨外髁骨折

　　　　　　　③桡骨远端骨折

　　中医诊断：骨断筋伤，血瘀气滞，关节散脱

　　治法：对左肘关节进行手法复位，小夹板固定，外用赤青膏。左腕用掌侧夹板固定，外用赤青膏。3 周后解除左肘关节外固定，开始功能锻炼。25 天后解除左腕外固定，2 个月后患者基本恢复。

　　按语：①该患者一侧肢体多处损伤，肘关节骨折脱位明显比桡骨远端骨折重。桡骨远端骨折轻且比较稳定，故将治疗重点放在肘关节上，待肘关节处理完后，再固定桡骨。②从 X 线片及体格检查来看，左肱骨外髁骨折是因脱位导致的，故一般可在脱位整复过程中自行复位，但要在整复时防止卡于肘关节腔内。

　　3. 腕关节脱位

　　【案一】丁某，男，42 岁，四川省名山区人，因摔伤致右腕关节疼痛，活动障碍 2 小时，到门诊就医。

　　2 小时前患者在家中不慎从约 30cm 高的凳子上摔下，右手着地后当即感到右腕关节疼痛，活动障碍。立即到当地医院就医，摄片后诊断为脱位，未做特殊处理，直接到我院门诊就诊。

　　西医诊断：①右腕关节经舟骨、月骨周围性脱位

　　　　　　　②右腕舟骨、桡骨远端及尺骨茎突骨折

　　中医诊断：骨折病合脱位病，气滞血瘀，关节失位

　　治法：采用手法整复，纸压垫、小夹板固定，外用赤青膏，隔日门诊换药，及时复查 X 线片。1 个半月后逐渐解除小夹板，2 个月后改用纸壳固定，3 个月后改用活血止痛膏外敷，半年后无舟骨坏死。

　　按语：①该患者整复时采用靠背椅担顶法，具体如下：患者骑坐于靠背椅上，腕月骨处担于靠背上，助手握住右前臂，术者握住右腕，对向牵引，再轻微背伸，整复后以靠背椅的椅背为支撑，顶住月骨、舟骨，在牵引下掌屈。②复位成

功后用夹板固定成极度掌屈位，此固定位置与位移方向相反，防止再次脱出。由于患者腕关节损伤严重，稳定性不好，故固定时间较长。

【案二】丁某，男，58岁，四川省汉源县人，因摔伤致左腕肿痛，活动受限12天，到门诊就医。

12天前，患者在自家地里挖红薯时不小心摔倒，当即感到左腕疼痛，未予以特殊治疗，休息后左腕肿痛无明显改善，左手第1~3指麻木，于今日到我院门诊就医。

西医诊断：①左腕月骨脱位

②左桡神经、正中神经损伤

中医诊断：脱臼伤筋，血瘀气滞，经络受损

治法：让患者骑坐于靠背椅上，月骨抵在靠背上，助手握住近端，术者握住远端，用力牵引，先极度背伸，在牵引下掌压，操作后进行触诊，感觉未能复位，再次操作后感觉仍然未复位。请陈老先生查看后认为非手术难以复位，建议患者手术治疗，故入院进行手术切开复位，手术治疗后患者恢复良好。

按语：①陈老先生查看后认为非手术难以复位的主要原因：一是患者就诊时损伤已经有12天，一般损伤超过1周者是难以复位的。二是在自然放松状态下触诊腕月骨基本无活动，在放松状态下轻微摇动腕关节，月骨也无明显活动，根据经验判断此脱位非手术难以复位。②有些疾病在非手术治疗难以解决，而手术效果又很好的情况下，主动选择手术治疗，不墨守成规，才能更好地治愈疾病。

4. 髋关节脱位

阿吉某，男，10岁，四川省甘洛县人，因跌倒致左髋疼痛，活动受限近1个月，到门诊就医。

将近1个月前，患者在学校和同学玩耍时不慎摔倒，当即感到左髋疼痛，活动障碍，立即到当地医院就诊（具体治疗不详），随后又转至石棉县某医院就诊（具体不详）。今日到我院就诊。

诊断：左髋关节病理性脱位（诱因疑似恶性肿瘤）

治法：建议患者直接到华西医院就诊。

按语：①该患儿在就诊时气色不佳，具有夜间剧痛表现，左髋局部张力高，触之压痛明显，与周围无明显边界，结合X线片、CT考虑为恶性肿瘤。②对于

一个疾病，做出明确诊断后如果本院现有的技术、设备无法处理，应向患者提出
好的建议，以免耽误病情。

（三）筋伤

1. 落枕

【案一】张某，女，52岁，四川省天全县人，因颈部疼痛，活动受限1小时，
到门诊就诊。

1小时前，患者起床后发现颈部疼痛，活动受限，到我院门诊就医。

西医诊断：落枕

中医诊断：寒凝气滞

治法：让患者端坐，背部挺直，慢慢行颈部按摩，以揉法为主，顺着督脉及
足太阳膀胱经进行，约5分钟后按住一边的肩井穴嘱患者缓慢深吸气，吸气的同
时缓慢转头至最大角度（极限），随后缓慢呼气，呼气末回到中立位，再缓缓吸
气，头转向另一侧，左右转头各25次。结束后再按另一侧的肩井穴，以同样的
方法，左右转头各25次。最后采用轻柔的理筋手法。经手法治疗后患者疼痛明
显缓解，头部活动基本自如。嘱患者用熏洗药热敷患处，当日回家后敷1次，晚
上再敷1次。第2天复诊，以同样方法治疗，结束后患者恢复正常。

按语： 落枕属于传统医学中的颈椎关节错缝，通过点穴按摩能够有效解除痉
挛，缓解疼痛，采用扳法则容易因力量控制不好而出现意外。

【案二】张某，女，37岁，四川省天全县人，因颈部活动受限超过1天，到
门诊就诊。

1天前患者到成都出差，晨起出现颈部疼痛，活动受限，自行用膏药治疗后
症状缓解，晚上返回家中。今晨起床后症状更加明显，于是前往医院就诊。

西医诊断：落枕

中医诊断：瘀滞型

治法：首先采取局部拔罐，再以颈部按摩法治疗。点穴按摩后患者仍有部分
关节错缝，故采用扳法治疗，每日1次，经2次治疗后，患者症状基本消失。

按语： ①该病例属于落枕的典型病例，由于患者症状较重，就医时间相对较
晚，所以先采用火罐法，扶正祛邪，再采用按摩法，理通经脉，解除错缝。②对
于落枕的患者，一般24小时内不推荐使用火罐法，因为新伤者多有局部炎性反

应，火罐能加重炎性渗出，使部分患者症状加重，所以急性期不宜用火罐疗法。

2. 肘关节滑膜嵌顿

张某，女，26 岁，四川省芦山县人，因摔伤致右肘关节疼痛，活动受限 2 天，到门诊就诊。

2 天前，患者在家中拖地时不慎摔倒，右肘关节着地，当即感到右肘关节疼痛，不能活动，立即前往当地医院就医，拍 X 线片后提示右肘关节未见骨折及脱位，用云南白药气雾剂外用后回家调养。2 天后患者疼痛有所减轻，肘关节仍不能屈伸活动，于是前往我院门诊就医。

西医诊断：右肘关节滑膜嵌顿

中医诊断：筋出槽，气滞血瘀

治法：让患者仰卧于治疗床上，一助手握住上臂，术者握住前臂，在用力拔伸的同时极度屈曲右肘，再缓缓伸直，外用赤青膏，以弹力绷带固定。

按语：①该病例属于外伤致肘关节滑膜嵌顿。嵌顿后，滑膜卡压于肘关节间隙中，致使屈伸障碍。该病的诊断要点：一是外伤史；二是肘关节活动障碍，在上尺桡关节可扪及一明显突出物；三是 X 线片阴性。②治疗上主要是通过肘关节活动，将卡压于肘关节内的嵌顿解除，其解除标志为突出物消失，肘关节可主动和被动活动。

3. 腰椎小关节紊乱

【案一】胡某，男，38 岁，四川省芦山县人，因扭伤致腰部疼痛超过 1 天，到门诊就医。

1 天前，患者在家中搬一袋玉米时突然感觉腰部疼痛，不能站直，立即到当地诊所就诊，被告知为腰扭伤，采用火罐、外用膏药（具体不详）并口服中药（具体不详）治疗，症状无明显改善，于今日到我院门诊就医。

西医诊断：腰椎小关节紊乱

中医诊断：筋错缝

治法：让患者仰卧于治疗床上，将治疗床摇起，垫高患者腰部约 10 分钟。嘱患者用双手抱膝，左右交替进行，各约 50 次。抱膝时尽量将膝靠近腰部。再嘱患者双膝同时一起抱，也尽量靠近腰部，约 50 次。再将治疗床放平，嘱患者坐起，对患者腰部进行放松后行坐位扳法。外用赤青膏，同时用腰围保护 1 周。治疗完成后患者立刻感到疼痛明显减轻。

按语：该病例属于典型的腰椎小关节紊乱。由于患者体格壮实，腰部力量强，直接行扳法难以达到效果，故让患者先于治疗床上进行抱膝动作，通过自行运动缓解肌肉痉挛，解除部分嵌夹，最后再施手法将残余筋错缝归位。

【案二】余某，女，24岁，因扭伤致腰部疼痛，不能站直20分钟，到门诊就医。

20分钟前，患者在家中扫地时，弯腰去捡地上的一件东西，当即感到腰部疼痛难忍，立即前往我院门诊就医。

西医诊断：腰椎小关节紊乱

中医诊断：筋出槽

治法：让患者坐于方凳上，先采用按揉法，解除患者肌肉痉挛，一手拇指按住受累小关节突，其余4指放于髂前上棘，固定住骨盆，嘱患者极度屈曲腰部，再缓慢后伸，后伸时尽量放松，将另外一只手放于对侧肩部，做旋转扳法。反复2~3次。再对另一侧腰部行同样操作。最后再用按揉法放松肌肉，外敷赤青膏。治疗完成后患者腰部症状明显缓解。

按语：该患者为青年女性，身体强壮程度不及男性，就医及时，可以直接通过扳法归位出槽的筋。在进行扳法时，手下有明显滑动感便知道归位成功。

4. 阔筋膜张肌损伤

代某，男，43岁，四川省天全县人，因右大腿疼痛超过1个月，到门诊就医。

1个多月前，患者在浙江打工，无明显诱因出现右大腿外侧疼痛，疼痛一直延伸至右膝外侧，在当地医院进行CT检查，诊断为腰椎间盘突出症，采用针灸、口服药物治疗后效果不佳，请假回家办事时顺便到我院门诊就医。

西医诊断：右大腿阔筋膜张肌损伤

中医诊断：气滞血瘀

治法：患者侧卧于治疗床上，对右大腿阔筋膜张肌走行部位进行按摩，主要对髂前上棘后方的阔筋膜张肌起点采用按揉法按摩，如手指力量不够，可以用肘关节进行，以患者感觉疼痛但能忍受为宜。按摩完成后，用活血止痛膏贴于阔筋膜张肌起点，隔日复诊。经3次治疗，患者疼痛明显缓解。

按语：该病例属于阔筋膜张肌损伤。对该病的治疗不难，难在诊断上，比较容易和腰椎间盘突出症相混淆，其诊断要点：一是患者自觉疼痛是在大腿外侧，部分患者感觉疼痛能延伸至膝关节，但无小腿疼痛；二是查体，压痛点主要在阔筋膜张肌起点；三是进行腰椎间盘突出症的试验，如直腿抬高试验、闭气挺腰试验阴性。

5. 膝关节内侧副韧带劳损

【案一】高某，男，62岁，四川省雅安市天全县人，因左膝关节疼痛1周，到门诊就医。

1周前，患者因农忙连续背了2天玉米后出现左膝关节疼痛，前往我院门诊就医。外用赤青膏，纱布绷带固定后症状缓解不明显，于今日再次到门诊就医。

西医诊断：膝关节内侧副韧带劳损

中医诊断：血瘀气滞

治法：对该患者按照常规方法治疗后，病情无明显缓解，故请陈老先生查看。陈老先生查看后认为，患者左膝内侧副韧带走行部位肿胀明显，压痛甚，拒按，关节腔无明显积液，符合血瘀特点，可采用局部点刺放血，并拔罐治疗。按陈老方法处理后，外用赤青膏。第1次治疗后患者感觉症状明显缓解，隔日再按该法治疗后基本无症状。嘱患者严格控制活动量，继续用赤青膏外敷1周。

按语：该病例属于膝关节内侧副韧带损伤，是由于过度活动而成。局部血瘀气滞，不通则痛，通过点刺拔罐去除瘀血，血行则气顺，通则不痛。

【案二】徐某，女，72岁，四川省天全县人，因左膝疼痛超过1个月，到门诊就诊。

1个多月前，患者因过度行走出现左膝疼痛，到我院门诊就诊，经外用赤青膏治疗后疼痛有所缓解。不久后症状断续出现，患者简单治疗后，疼痛时好时坏，于今日再次到我院门诊就诊。

西医诊断：左膝内侧副韧带劳损

中医诊断：筋失所养

治法：该患者病情反复，请陈老先生查看后，认为该患者系老年患者，病情反复，无肿胀，喜按，辨证当属筋失所养。采用灸条灸内侧副韧带处约15分钟，外用双乌化瘀膏，戴护膝保护，隔两日门诊1次，10天后症状明显缓解，带灸条及膏药回去自行治疗。1个月后症状消失，继续戴护膝保护2个月。

按语：①该患者属于膝关节内侧副韧带慢性劳损。老年患者气血不足，加之过度活动使筋失所养，不荣乃痛，故采用温经通络法治疗。②该患者与前例患者形成明显对比，同一种病用不同的方法治疗体现了中医辨证施治的原则，证同则治同，证异则治异。

6. 腓肠肌挫伤

张某，男，45 岁，因砸伤致右小腿肿痛 3 天，到门诊就诊。

3 天前，患者在藏区修建房子时不慎被一木块砸中右小腿后侧，当即感到右小腿疼痛，可以勉强站立及行走，被工人送至当地医院就医。拍 X 线片提示无骨折后，患者坐车前往我院进一步就诊。

西医诊断：腓肠肌挫伤

中医诊断：气滞血瘀

治法：采用梅花针点刺后拔罐约 15 分钟，待部分瘀血排出后采用赤青膏外敷。一次治疗后患者觉得胀痛感明显减轻，隔日再次采用放血拔罐法治疗。用赤青膏外敷 3 周后症状完全消失。

按语： ①该患者属于腓肠肌挫伤，出血较重，再加之坐车 2 天，使肿胀更甚，故患者最为痛苦的症状为胀痛。通过放血拔罐可以排出部分瘀血，再用赤青膏外敷，活血行气，使胀痛明显减轻。②由于小腿损伤容易引发筋膜间室综合征，即使没有骨折的情况下也可能发生，所以要牢记筋膜间室综合征的诊断，防止漏诊。

7. 腓肠肌拉伤

杨某，女，32 岁，四川省雅安市名山县人，因拉伤致左小腿疼痛，跛行半个月，到门诊就诊。

半个月前，患者在跑步时不慎拉伤左小腿，当时感到左小腿疼痛，能站立及缓慢行走，于当地医院就诊，采用云南白药喷雾剂外用后回家疗养。之后患者疼痛反复，并出现跛行，半个月后患者为求进一步治疗，前往我院就诊。

西医诊断：腓肠肌拉伤

中医诊断：气滞血瘀，筋脉粘连

治法：采用大力易筋酒于左小腿按摩，由浅入深，由轻到重，先用揉法，再用点穴法舒活筋脉，之后极度背屈踝关节，缓慢松解粘连，嘱患者行原地踏步动作，最后用赤青膏外敷患处。一次治疗后，患者感觉疼痛明显减轻，已能如常人一样缓步行走。

按语：腓肠肌拉伤后，患者会出现疼痛性跛行，在短期内可以起到减少伤肢活动、促进修复的作用，但是时间一长就会造成肌肉受力不平衡，部分肌肉负荷过重而出现疼痛，疼痛导致跛行，跛行引发疼痛，形成恶性循环。此时既要缓解疼痛，又要纠正步态，二者并重才能取得满意疗效。

8. 踝关节扭伤

杜某，女，28岁，四川省天全县人，因扭伤致右踝关节疼痛20分钟，到门诊就医。20分钟前，患者穿高跟鞋下楼梯时不慎扭伤，当即感到右踝疼痛，可以站立及行走，但行走时疼痛加重，随即前往我院门诊就诊。

西医诊断：右踝关节扭伤

中医诊断：气滞血瘀

治法：采用赤青膏外用，绷带固定，每日门诊换药。3日后疼痛缓解，第4日疼痛加重，第5日又缓解，第6、7日又有加重，询问患者近几日活动量情况无明显变化，患者要求进行X线片检查。拍X线片后排除骨折，仔细询问患者受伤情况，发现为外翻位受伤，而初诊医师将绷带固定为内翻位，此后有时固定成内翻，有时固定成外翻，故病情时有反复。明确原因后，坚持内翻位固定，疼痛逐渐减轻，3周后症状消除。

按语：①这是一例踝关节扭伤的患者，造成病情反复的原因是绷带固定的问题。《正骨三字诀》中有"缠绷带，须细作，有直绑，有屈曲，正手缠，反手绕"，对于踝关节扭伤的患者要坚持固定成与受伤姿势相反的方向。②如果患者能描述受伤姿势，就能轻松地确定固定位置。如果受伤姿势不明确，就需要医生试力后才能知道固定位置，具体操作方法是活动踝关节，患者疼痛最甚时就是受伤姿势时，固定姿势与之相反。

9. 距骨软骨损伤

李某，女，25岁，四川省天全县人，因外伤后右踝关节反复疼痛超过1年，到门诊就诊。1年多前患者在警校训练时不慎扭伤右踝，可以站立及行走（具体姿势不详），随后前往附近医院就诊，给予贴膏药等治疗后，症状有所缓解，但时有发作。暑假时患者到我院门诊就医，考虑为陈旧性软组织损伤，给予灸条温经通脉，外用活血止痛膏，并用护踝保护，5个月以来疼痛发生频率降低，但仍未完全消失，于今日再次到我院门诊就医。

西医诊断：右距骨软骨损伤

中医诊断：筋失所养

治法：患者经 X 线、MRI 检查确诊为距骨软骨损伤，进行踝关节镜下治疗，疼痛完全消失。

按语：①该病在传统中医学属于筋伤的范畴，但筋伤范围太广泛（包括韧带损伤、肌腱损伤、筋膜损伤等），换而言之，针对该病的诊断，传统医学没有现代医学细致。列举这个病例是由于我们认为传统医学对于某些病的诊断不够详细，可以将现代医学的诊断融入其中，这可能是中西医结合的一个点。②患者初次到我院，诊为陈旧性损伤，采用温经通络法治疗，并用护踝保护，其辨证和治疗都是准确的，但疗效没有让患者满意，而采用踝关节镜治疗后效果十分良好，说明现代医学疗法在某些方面确实是有优势的。所以医生不能墨守成规，在继承传统的同时也要广泛吸收现代医学知识。无论哪种疗法，只要有利于患者的就是好的。

（四）其他杂病

1. 脊柱重度骨关节炎

杜某，女，78 岁，四川省雅安市芦山县人，因双侧胁肋部疼痛超过 1 个月入院。1 个多月前患者无明显诱因出现双侧胁肋部疼痛，到当地医院做了肋骨 X 线、B 超等检查未发现特殊异常，口服药物（具体不详）后症状时好时坏，今日到我院门诊就医。

西医诊断：脊柱重度骨关节炎，脊柱变形

中医诊断：肝肾亏虚

治法：该患者要求请陈老先生诊治，陈老查看后，认为胁肋部疼痛主要是由胸腰椎脊柱变形所致，其治疗关键在于调整脊柱，可先用轻缓手法松解腰背部因脊柱弯曲而发生的筋肉痉挛，然后用双手拇指点压脊柱两侧，其余四指分开，稳住肋骨，由胸节到腰段，由上而下，逐节轻轻推按，同时令患者缓缓后仰，每日1～2 次。嘱咐患者不可久坐、久站，应卧床休息，且需要经常变换姿势，无论坐、站、卧都不可保持一种姿势时间太久。患者坐时可用垫子顶住腰背部，睡觉时不可用太软床垫，外用风湿骨刺膏，同时口服独活寄生汤以补益肝肾，治疗后症状明显缓解。

按语：①对该患者的诊断有一定困难，脊柱的疾病并没有表现在腰部不适，其诊断要点为脊柱严重变形。对于描述不清楚的胁肋部疼痛，内科检查无明显异常。②该病无法根治，但可以减轻症状，其关键在于尽量恢复原有的生理弧弓，使人体建立新的平衡。③该患者辨证属肝肾亏虚，采用风湿骨刺膏外用，配合独活寄生汤口服，双管齐下，对症处理。

2. 背部带状疱疹

张某，女，50岁，四川省天全县人，因左肩胛部疼痛6天，到门诊就医。6天前，患者在打麻将后出现左肩胛部疼痛，去朋友开的推拿店进行拔火罐、推拿治疗后外贴膏药，隔日1次，3次后症状无明显缓解，并在贴膏药、打火罐处出现疙瘩，朋友说是过敏，让其到医院开外用药。

西医诊断：带状疱疹

中医诊断：邪阻经络

治法：告知患者是带状疱疹，属带状疱疹病毒感染，采用观音针点烧疱疹及周围，口服阿昔洛韦、维生素C、双氯芬酸钠，外用阿昔洛韦乳膏，每日观音针点烧1次，5天后隔日烧1次，10天后患者症状缓解。

按语：①该患者就医时为夜间，有火罐印，有贴膏药史，造成辨认困难，容易和过敏混淆，但二者也有区别：一般过敏较为局限，多在贴膏药部位及周围，而带状疱疹沿神经走行分布；过敏主要症状是痒，而疱疹主要症状是痛；疱疹一般是晶莹剔透的小水疱。②诊断明确后，用灸法点烧是非常重要的，这不仅能够防止病情发展，还能有效缓解疼痛，其主要机制是通过观音针强刺激，鼓舞局部正气，控制邪气扩散走窜并驱邪外出。

3. 股外侧皮神经炎

罗某，女，45岁，四川省雅安市天全县人，因左大腿前外侧皮肤麻木不适3天，到门诊就医。3天前，患者在成都玩耍吹风后出现左大腿前外侧皮肤麻木不适，于就近诊所就医，经拔罐、针灸后症状无明显改善，返家后到我院就医。

西医诊断：股外侧皮神经炎

中医诊断：风邪犯皮

治法：采用观音针点烧患处皮肤，赤青膏外敷，隔日治疗1次。第1次治疗后，患者麻木不适感明显缓解，3次后症状完全消失。

按语：①该病例属于股外侧皮神经炎，起病较急，吹风为诱因。诊断上主要应与高位腰椎间盘突出症引起的疼痛鉴别，因为二者在治疗上偏重不太一样，一个重在腰，一个重在局部皮肤。对于骨伤科医师来说，鉴别这两种疾病应该不难。②中医认为该病是风邪犯人体肌表而成，通过灸法点烧刺激局部，鼓舞局部正气御邪而出，邪气出，病得愈。

4. 髋关节滑膜炎

张某，男，5岁，四川省天全县人，因左膝疼痛1天，到门诊就医。1天前，患者在雅安姑妈家玩耍时无明显诱因出现左膝疼痛，于附近一诊所就医，诊断为左膝软组织损伤。外敷中药后回家静养。第2天，患儿疼痛无明显变化，姑妈发现其走路时一只腿短，一只腿长，于是立即将患儿送至我院就诊。

西医诊断：左髋关节滑膜炎

中医诊断：邪热内蕴

治法：采用院内制剂金黄膏外用，嘱患儿家长一定让患儿卧床休息，每日门诊换药，5天后患儿疼痛缓解，10天后患儿症状消失。

按语：①对于该疾病，难点不在治疗，而在诊断。髋关节疾病可能出现膝关节疼痛，但是医生在进行膝关节检查时基本都为阴性，医生在查体时一定要注意。②患儿走路时出现一只腿长一只腿短的现象是由于髋关节疼痛，骨盆倾斜所致的假性增长，要给患儿家长交代清楚，以消除其顾虑。③对于儿童髋关节滑膜炎，限制其活动是非常重要的手段，对于症状比较重的患者，必要时可以采用皮肤牵引制动。本院制剂金黄膏具有清热解毒的作用，对该病的疗效较好。

5. 膝关节滑膜炎

王某，男，4岁，四川省天全县人，因右膝肿痛1天，到门诊就医。1天前，患儿无明显诱因出现右膝关节肿胀疼痛，其家长夜间自行热敷后，第2天患儿疼痛加重，于附近一所医院抽血化验后，医生建议到我院进一步诊治，于是其母亲带患儿到我院门诊就医。

西医诊断：右膝滑膜炎

中医诊断：邪毒内蕴

治法：采用金黄膏外敷右膝，纸壳夹板超膝固定制动，告诉家长观察患儿有无发热寒战等症，如有则应立即到医院就医，每日门诊复诊。3天后患儿右膝肿痛明显缓解，1周后患儿症状消失。

按语：该患儿诊断为膝滑膜炎，引起滑膜炎的病因考虑为创伤（过度活动）或低毒力细菌感染。采用纸壳夹板固定制动是必不可少的手段，必要时还可以采用钢托固定制动，以减少膝关节活动。金黄膏外用具有消肿解毒的作用，双管齐下，利于疾病治疗。

6. 跟骨急性骨髓炎

高某，女，65岁，四川省天全县人，因左足跟疼痛3天，到门诊就医。3天前，患者去地里劳动后出现左足跟疼痛，到我院门诊就医，给予赤青膏外用后症状加重，再次到门诊就诊。

西医诊断：左跟骨急性骨髓炎

中医诊断：热毒内蕴

治法：采用金黄膏外敷，以钢托将患侧踝关节固定在中立位。收入住院，每日门诊复诊。1周后，扣及左足跟外侧有明显波动感，切开排脓后，用诺氟沙星软膏敷盖切口，周围继续用金黄膏外敷。待切口愈合后，用金黄膏外敷，1个月后解除钢托，3个月后患者基本恢复。治疗期间按骨髓炎的治疗规范使用抗生素。

按语：①对该患者首次诊断出现了偏差，第二次就诊时患者诉有明显的夜间疼痛，查体时局部有明显红肿，触及皮温高，配合血常规等检查考虑为骨髓炎。②治疗上首先采用金黄膏，有波动感后直接切开排脓。钢托中立位固定一是制动，二是保留关节于功能位，即使关节出现僵硬也能保留最大功能。

二、医话

（一）肩关节脱位

肩关节脱位，亦称髃骨骱失或肩骨脱臼。《灵枢·经脉》称肩关节为"肩解"，由琵琶骨上之肩髃骨与臑骨上头之肩端骨构成。《医宗金鉴·正骨心法要旨》说："其处名肩解，即肩峰与臑骨合缝之处也。"该部位是上肢赖以持物、前后起落运动之关键。

　　肩胛骨又称为琵琶骨，肱骨称臑骨。肩胛骨上的关节盂与肱骨头连接而成的"球窝关节"又名肩肱关节。关节盂呈一上窄下宽的长圆形凹面，向前外倾斜。盂面上被覆一层中心薄、边缘厚的玻璃样软骨，盂缘被纤维软骨环即关节盂唇围绕。关节盂上下各有一突起，为盂上和盂下结节，分别是肱二头肌及肱三头肌长头附着处。关节盂唇加深关节盂凹，有保持关节稳定的功能。当关节盂前缘塌陷、缺损或关节盂唇前缘撕裂时，可导致习惯性的肩关节脱位。

　　肱骨头为半圆形的关节面，向后、上、内倾斜，仅以部分球状关节面与关节盂接触（关节面角度值约 135°，而关节盂的角度值仅 75° 左右），极不稳定。肱骨大结节朝向外侧，小结节朝向前侧，构成结节间沟。肱二头肌的长腱经过结节间沟，可随肱骨内收、外展和旋转而上下滑行。

　　肩肱关节囊为纤维组织构成之松弛囊，环绕在关节的周围。关节囊内面衬有骨膜，肩关节内收时关节囊成皱襞状，外展时皱襞逐渐减少，以至消失。冈上肌、冈下肌、小圆肌和肩胛下肌所组成的坚强有力的腱袖对关节囊的上部起到加强的作用。腱袖上外侧为肩峰下滑液囊。

　　肩部的肌肉有内外两层，外层为三角肌和大圆肌，内层为肌腱袖，肩峰下滑囊介于此二层之间，保证肱骨大结节顺利地通过肩峰下进行外展活动。腱袖是滑囊腔与关节腔的屏障，二者并不相连，腱袖环绕肱骨头上端，可将肱骨头纳入关节盂内，使关节稳定，协助肩关节外展，且有旋转功能，故又名肩胛旋转袖。

　　肩关节的后上方有肩峰，前上方有喙突，两者之间是喙肩韧带，关节盂与肱骨还有盂肱韧带相连，由此构成肩关节的上部屏障。

　　由于关节囊松弛，韧带薄弱，关节盂较浅，要维持肩肱关节的稳定及在此稳定的基础上进行多方面的功能活动，良好的肩部肌肉和各肌肉间的动力平衡是必不可少的。不管是肱二头肌长头、三角肌、肌腱袖受损或麻痹都会导致肩关节的稳定受到损害，会对肩关节的活动造成影响，即在肩关节活动范围内进行任何一个角度或任何一个瞬间活动时，因某一结构遭受破坏，或肌肉的平衡作用失调，均可破坏关节的稳定性而导致脱位的发生。再加之肩关节囊的前下方缺少韧带和肌肉的覆盖，而肩关节活动幅度又大，所以有报道肩关节脱位在全身关节脱位中仅次于肘关节脱位，但我院收集的资料显示肩关节脱位比肘关节脱位高发，且好发于 20 岁以上人群。

1. 前脱位与后脱位

根据脱位后肱骨头与关节盂相对的位置，肩关节脱位可分为前脱位和后脱位两种。前脱位又分为喙突下、锁骨下、盂下脱位 3 种。古人认为肩关节脱位有前脱、后脱、下脱、上脱之分。上脱实为古人臆测，根据临床所见及 X 线影像表现，并对照现代医学分类，均不存在上脱之说，即使偶有肩部诸骨受到严重损害，关节正常结构完全破坏，其在关节肿胀期，由于张力大，临床常表现为肱骨头向上隆起，但待血肿消退，由于上肢的重力悬垂作用，肱骨头失去因肩部肌肉血肿所致的向上之张力而依然落于肩峰关节盂之下，仍表现为下脱之势（有说：肩峰骨折后可能发生上脱位）。在临床上还有一种少见的脱位，有人称之为肩关节垂直脱位，多因上臂过度外展致伤，其肩峰抵于肱骨解剖颈部，使肩峰形成支点，产生肱骨头向下脱位之力。当关节囊下方撕裂，但其结构保持完整，肩关节保持原位时，为肩关节一般损伤，当伤力继续往上臂传导，使关节囊下方完全撕裂，肱骨头穿出关节囊向下脱出则形成盂下脱位，而后可因肌肉韧带的作用滑至肩前部，成为喙突下脱位。有部分病例，肱骨头脱出后即被交锁于盂窝下，此时上臂上举，不能放下，成为垂直脱位，临床表现为上肢固定于上举过头位，关节不能活动，腋窝处可扪及脱位的肱骨头局部压痛明显，常会合并有腋神经或血管损伤。

【案一】杨某，女，40 余岁，天全仁义乡人。

夜宿于亲戚家，卧室紧邻巷道，床头靠近门边。深夜有母猪在外拱门，杨仰卧于床头，以右手反手上举顶住门不让母猪进屋，母猪突然猛撞门致其右肩关节受伤，疼痛难忍，请夜诊。诊见患者卧于床，痛苦呻吟，右臂上举不能放下，摸之腋下可触及肱骨头肩峰下空虚不实。诊之曰，此肩关节垂直脱位。顺势用上牵法，辅助推肱骨头而复位。

【案二】任某，男，20 余岁，天全城关镇人。

大年初一早晨，卧于床欲反手取床头高柜上的棉大衣时突然疼痛难忍，手不能放下，请急往诊治。时见患者卧于床右，手上举不能放下。诊之曰，此肩关节垂直脱位矣。令其兄顺势上牵引并内旋，余以双手拇指于其腋下推肱骨头，四指抱肩下扣而复之。

　　现在通过摄 X 线片即可了解肱骨头移位的方向与位置，确定脱臼的类型，并可了解有无骨折并发，但绝不可因此就忽视临床的四诊检查。因为某些特殊病情是不容易获得精准的病理改变影像的，如较为少见的肩关节后脱位，即使摄 X 线前后位片也不易发现脱位存在。所以临床常规检查非常重要，应先通过仔细检查、辨证，再向放射科提出明确的投照目的，这样才可能获得更准确的 X 线图像，减少漏诊误诊。通过检查、分析、投照、再辨证，更可不断提高自身的诊治水平。有时在检查的过程中，趁患者不戒备、放松不紧张之时，倏然将检查手法化为复位手法，往往可以使脱臼轻松复位。譬如：对于肩关节盂下脱位的患者，在摸到腋窝下肱骨头时，可伺机施"扣捏法"复位；若盂前脱位，在行贴胸试验时，可伺机施"苏秦背剑法"复位；若肩关节后脱位，在触摸肩后、肩胛冈下是否有肱骨头隆起时，可施"推挤法"使之复位等。"手随心转，法从手出"，寓治疗于检查之中，寓检查于治疗之中，即此之谓也。

　　在骨伤科中，望、闻、问、切四诊还有一定的特点。望诊，着重望形态。例如，肩关节脱位时，常见患者身子斜向患侧，并用健侧扶托患肢前臂，伤臂在 25°～30°外展位不敢活动，患侧肩失去正常圆形的膨隆外形，肩峰显著突出，肩峰下空虚，形成方肩畸形。垂直脱位患者则身体倾向健侧，以好手托住患肘不敢下放。习惯脱位者肿胀多不明显。新伤并伴有较重的肩部软组织损伤者，特别是伴有大结节撕脱或肱骨外科颈骨折者，肿胀一般都比较严重。肩关节后脱则外观无方肩畸形，不伴有骨折者亦无明显肿胀。临诊时因个体差异，体形不同，须暴露双肩，以健侧为标准相互对比，仔细观察，即能找出差别，发现畸形。

　　问诊，重点了解受伤过程，受伤的受力大小，明确受伤时的体位，受伤的时间及疼痛程度；手有无麻木感，疼痛是否在渐进性加重，有无习惯性脱位；是否经过整复，如何整复的，整复前后的症状变化等。由此了解脱位之新旧，损伤之轻重，是否伴有其他损伤或疾病，以及有无严重的软组织损伤（神经、血管受损）存在等。对高龄患者应特别注意肢端循环、体温、肢端温度是否正常，注意是否有因损伤而致的血栓等，从而制订相应的治疗和整复方案。

　　切诊，在检查肩关节脱位时触摸很重要。肩前脱位患者，肩峰下明显落空

（空虚感），在患侧腋下，喙突下或锁骨下可扪及肱骨头。后脱位者不仅无方肩畸形，肩峰下空虚感也不显著（特别是伴有骨折者），但与健侧对比，肩峰后无正常的空隙，反而充实饱满，有明显的隆凸感。触摸患肢的温度、肿胀的紧张度，了解肩关节是否在弹性固定的状态下能做小幅度的自动抬举，肘、腕、指关节能否自主伸屈活动，有无麻木、知觉减退等症状。由此了解有无血管神经损伤等并发症。对偏瘫或因其他原因而致肩部肌肉萎缩者，更应仔细辨识，其往往自诉有外伤史，且拍 X 线片可见关节间隙明显加大等结构异常改变（部分肱骨外科颈骨折或骨病患者后期亦有类似改变），如不审慎，极易误判。这类病例与外伤脱臼最简单的鉴别是在触诊时，因肱骨头没有真正脱出，仍在关节内，只要托住患肘向肩峰上送即刻复位（脱位征消失），去除托力则依然如旧，医者不得不察也。

肩关节后上方有肩峰，前上方有喙突，而且有喙肱、喙间等韧带及冈上肌、冈下肌、小圆肌、肩胛下肌等加强，但下部比较薄弱，所以临床上最多见的是肩关节前脱臼，而肩关节后脱位在临床上发病率相对较低（孟继懋等所著《骨与关节损伤》载，肩关节后脱位仅占肩关节脱位的 1.5% ~ 3.8%）。我院就诊患者量较大，肩关后节脱位在日常门诊中也可以见到。肩关节后脱位多由暴力所致，如疾速行驶的摩托车驾驶员突然倾跌，使肩部前侧着地或遭碰撞；或矿山事故中"掉棚""塌方"，重物落下，使肱骨头受到向后的直接暴力冲击，迫使肱骨头冲破关节囊后壁，滑向肩胛盂后的肩峰下或肩胛冈下，形成后脱臼。此类脱臼多伴有肱骨头前侧凹陷骨折，案例如下。

【案三】周某，男，32 岁，名山县人。

2005 年 8 月 29 日下午骑摩托车疾驶时突然向右侧跌倒，右肩关节触地受伤，立即前往我院就诊。患者肩外侧皮擦伤，极度血肿，疼痛剧烈。摄片显示肱骨头粉碎性骨折，关节间隙增宽，当时考虑为因肱骨头粉碎所致。用药，欲待血肿稍减再处理，但患者回家后疼痛难耐，于 8 月 30 日早晨又急来我院复诊，做了仔细的临床检查，发现右肩前空虚，肩峰后隆起剧痛，具备肩关节后脱位征，令患者俯卧于床，施平牵推挤肩峰后而复位，摄片提示关节复位正常，但肱骨头碎裂塌陷，复位后疼痛马上大减。

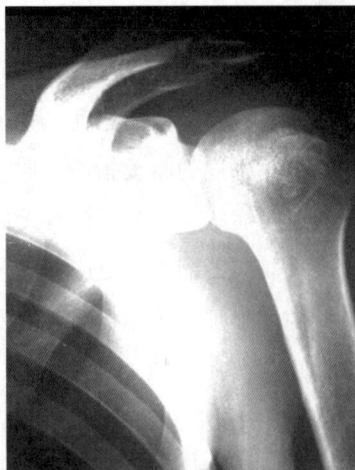

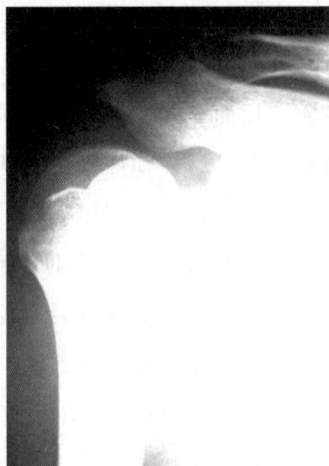

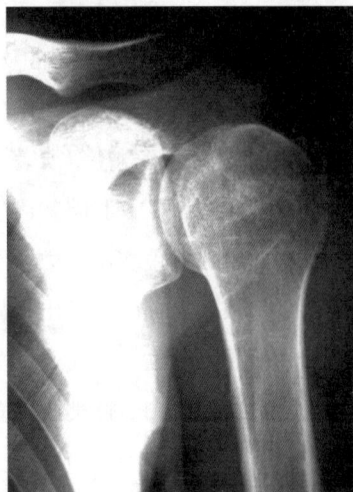

人在突然倾跌之时，躯干向该侧旋转，上臂极度内旋、内收，手或肘撑地，暴力迫使肱骨头向后脱出，此类脱臼易伴发肱骨头内前缘撕脱骨折。这种暴力致伤多导致前臂或肱骨骨折，但若暴力方向恰好与受伤时的体位形成一个特殊的角度时，就可能发生肩关节后脱位。

【案四】陈某，男，37岁，名山县人。

2004年9月25日患者骑自行车下坡时突然跌倒受伤，疼痛难忍，急来我院求治。摄肩关节正侧位片显示肩关节间隙变宽，肱骨头旋转，并有骨折，临床检查有肩后脱症状，马上进行手法复位，复位后摄片显示肩关节结构正常，骨折块复位。

又如，纠纷斗殴时，上臂被对方外旋扭、掀拉，自己极力反抗，容易使肱骨头因两者之合力冲破后侧之关节囊而发生后脱臼，此类脱臼一般不伴有骨折。案例如下。

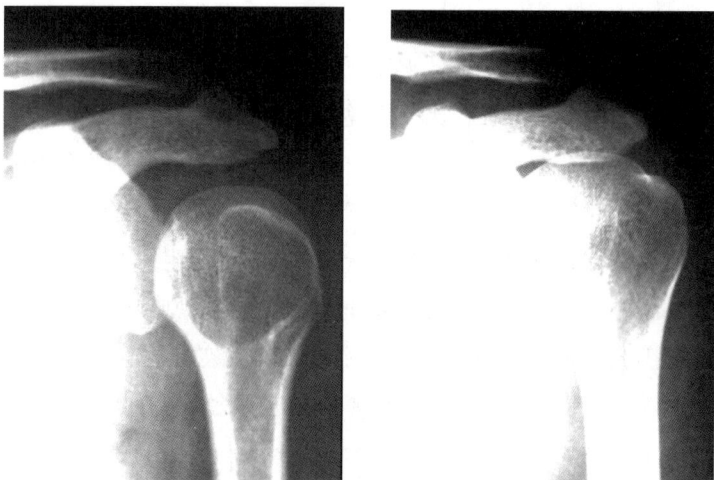

【案五】任某，女，34 岁，天全县始阳乡人。

2004 年 10 月 24 日因与人争执，拉扯时致伤，患者手不能上举，惧痛，诊之为后脱位。未拍肩关节轴位 X 线片，肩关节正位 X 线片可见右肩肱骨头旋转，关节间隙加宽，经手法复位后摄片显示肩关节结构正常。

另外，因手臂触电、癫痫及中毒等引起肢体强力抽搐时，肌肉极度痉挛失调，可导致后脱。此类患者有时可发生双侧肩关节同时脱臼，更有甚者可致肩胛骨粉碎性骨折。

【案六】李某，男，20 余岁，宝兴县人，因右手触电致伤，来我院求治。

摄片提示肩关节肱骨头旋转，关节间隙加宽，右肩胛骨严重粉碎性骨折，且骨折块分离，零乱错位，诊断为肩关节后脱位且肩胛骨粉碎性骨折。

肩关节后脱位之所以少见，是由于肩关节盂倾斜于外后，与肩峰和肩胛在关节之后形成弓状的屏障，并且肩前方有强大的胸大肌保护，不达到一定程度且方向一定的力，肱骨头是不会向后方脱出的。

临床上对肩关节后脱位进行鉴别诊断时，极易被伴发的骨折所蒙蔽。肩部的肿胀疼痛，容易考虑为骨折所致，且无方肩畸形，再加常规的 X 线片又不能明显表示有脱位存在，极可能发生误判、漏诊。穿胸位 X 线常因重叠影过多而判断不清，其他如俯位、切线位等，亦可因投照角度不合适而无法发现骨折，可见仅靠 X 线片是不行的，仔细的临床检查非常重要。

肩关节后脱位患者（新伤）最明显的一个体征就是肩部剧痛，其疼痛程度远比前脱位及肱骨外科颈骨折严重，疼痛原因主要是肱骨头脱于肩峰后或肩胛冈下，与肱骨头向前脱出的位置相比，后脱之肱骨头的前面是肩胛骨骨性结构，后面是丰厚的背部肌肉，中间的空间范围较窄，再加之关节囊后壁有小圆肌和冈下肌加强，其囊壁相对较厚，血肿更增加了内压张力。腋神经起于臂丛，后束绕过肱骨外科颈后侧分支到三角肌，后脱所造成对周围神经组织的牵扯和挤压远大于前脱位，再加之有时可能伴有骨折等多种因素，造成了剧烈的疼痛。仅凭剧痛这一点就应引起高度重视，进而仔细检查肩峰前有无空虚感，肩后有无隆凸饱满征，肩峰与鹰嘴间距是否缩短，再结合 X 线片进行检查，在摄常规正侧位片的同时，加摄肩关节腋位片，这不单可以显示出肱骨头与肩盂的关系，而且可以显示肱骨头前侧方的骨折凹陷，以及关节盂和肱骨小结节部的骨折。据临床报道，小结节骨折在肩关节后脱位时比较常见，因此对小结节骨折患者有任何一点可疑为肩关节后脱位的临床表现都应高度重视并予以详细检查。CT 检查能获得更清楚明确的临床影像，陈旧的肩关节后脱位也可清楚显示。

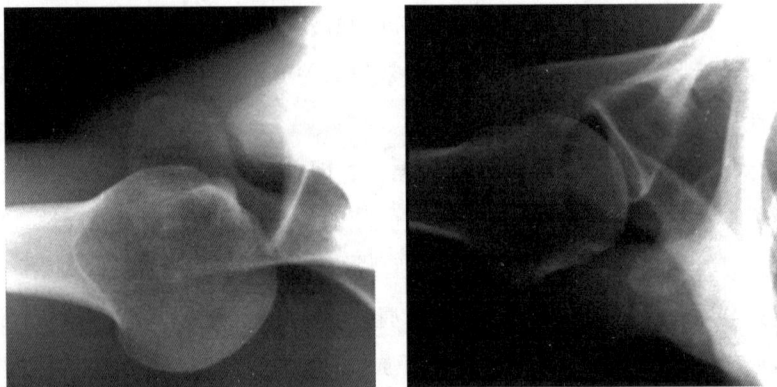

【案七】李某，男，53 岁，仁寿县五龙乡人。

患者于 2005 年 4 月 5 日跌倒致伤，在上级医院拍 X 线正侧位片后，诊断为肩关节大结节骨折、软组织损伤，经治无效后于 4 月 7 日来我院求治。临床检查后诊断为肩关节后脱位，肩关节轴位 X 线片显示：肱骨头后移并轻度旋转，大结节裂折。行手法复位后再摄轴位片，显示复位正常。

陈旧的肩关节后脱位往往是由于前期忽视了后脱位的存在，后期又循着前面的诊断，把病情考虑为肩胛盂、肱骨头骨折，或肩关节外伤性肩周炎等所致，从而一再贻误治疗。所以不论新旧伤患者，都应仔细做临床检查，并与健侧对比，诊断是否有后脱位存在，以免造成漏诊。

对于肩关节脱位，准确诊断、及时治疗方能取得很好的疗效。整复肩关节脱位的方法甚多，医者须熟练掌握多种方法，一旦临证，方可辨证施法，运用自如。正如前人所言"病有千端，法有万变，圆机活法，存乎其人"。

2. 脱位的整复手法

陈氏整复肩关节脱位的方法颇多，有顺势牵引和旋转顶推复位法，根据其用力复位的方式又有凭术者之功力和借力之分。

顺势牵引法：可利用椅背、方桌、单梯、窗棂、门杠或专用的肩关节复位架为支点，术者发力牵拉以复位；或利用患者的体重，即嘱患者用患肢抓住树干或窗棂，术者在一旁按摩其肩部使之放松，然后令伤者突然倾跌而使之复位；有时还可用手帕缚住手腕，使之悬吊而复位；或用"踩杆"助力、"杠抬"助力而复位。

旋转顶推法：术者主要以回旋、推顶、挤按等手法加以整复，如"苏秦背剑法""扣捏法"；或利用复位器具，如"天地板"助力复位。

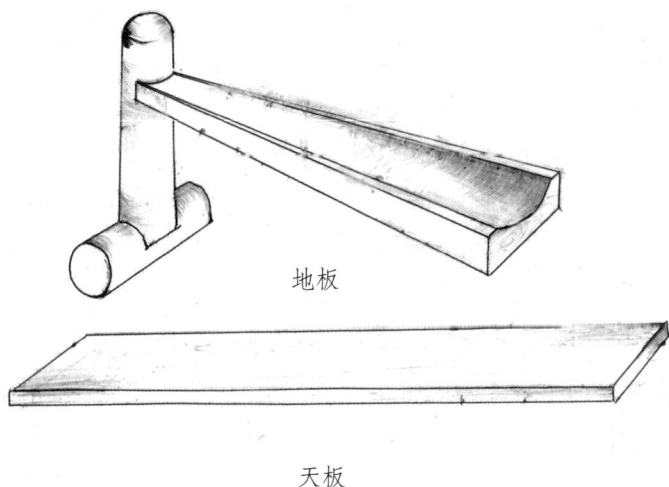

地板

天板

天地板为木制，天板长 1 尺 5 寸、宽 3 寸余，地板长约 1 尺、高约 9 寸。

在手法实施过程中，有时仅顺势牵引即可复位，而有时则须牵拉、旋转、顶推同施方能奏效。顺势牵引时，有时须旋转挤按，有时还须同时回旋顶推，而顶推之法虽是以旋转顶推为主，有时亦须佐以牵引，其诸法何主何辅、孰轻孰重，全凭医者平时的经验体会。故术者必先明于心，对病情整体有充分的了解，根据不同的症情、不同的对象，使患者或站或卧（如老年患者宜坐宜卧，而喘咳气紧、脊柱畸形者最宜取坐式），同时取应手便捷之物为依托，不拘一格，随机应变，灵活运用。以下具体叙述各手法的操作。

（1）顺势牵引法：分下牵法、平牵法、上牵法。

下牵法：术者立于伤者患侧，双手握持患肢的腕关节，患肩外展（30°左右），患者取坐势，腋下以椅背为支点（椅背高度以能向上靠紧腋窝为度，椅背上覆布垫以免摁伤腋部）。如用单梯或窗棂为支点，则须高度适中，紧挤腋部，伤者取坐位或站位均可。如用"复位架"，其腋下横杠可灵活调节高度，操作更方便。应急之时，可由两人用木杠抬于腋下，或宽布带提于腋下，取坐或卧位均可，术者顺肢体长轴发力，向下牵引，同时轻轻内外旋之，待觉有松动时，加力外旋并内收，即可复位。喙下或锁下脱位，在牵引旋转时先向外展，再外旋内收。体格强壮、筋肉紧张者，先按摩伤部，松解筋肉，让助手辅助握住肘关节助力，但术者与助手须配合默契，用力一致，以免分力而影响复位。如以"踩杆"助力，则嘱患者取站位，腋下支点向上紧托腋部，使患者仅能以足尖点地，患侧手腕用宽布带缚定，下连踩杆（缚布带一端离地一尺，另一端点地），让一个人站在踩杆上，由远而近逐渐加力，做持续牵引，术者站于患者一旁，揉按患肩，使其放松，并扶持上臂做旋转内收，此法既省力，又可做持续牵引。

下牵法主要是顺肢体的纵轴做持续牵引，使肩周痉挛的肌肉松弛，同时使嵌紧的肱骨头在内外旋动和牵引下松动，此时外旋内收，利用腋下支点的对抗牵引力和顶托力，以及患者肩后侧未受损关节囊和肌群向后上拮抗收缩的合力而使脱出的肱骨头复位。喙突下或锁下脱位者在牵引的同时，加大外展后伸牵引，可使肱骨头回到盂下或关节盂前而利于复位。

"手牵足蹬法""牵引提捺法""椅背持重悬垂牵引法""肩杠法"及借助骨折

牵引整复器牵引都属于下牵法的范畴。

平牵法：腋下以椅背等为支点，取坐位。整复时患者侧坐，上臂平抬，肩关节外展 90°～100°，胸侧壁腋窝必须紧靠椅背，臀部需离椅背五寸以外。嘱患者张口，放松。术者立于患侧（高度应比患者高两尺左右，以便灵活省力），握住患肢腕部，先外旋向上向后（后伸）牵引，待肱骨头松动，再稍内旋内收并向下，利用支点顶托肱骨头入臼。助手于患者健侧，双手过胸环抱患肩，用四指固定肩峰，对抗向健侧向下牵压，以减少肩关节、肩胛骨的活动，使牵引力直接作用于肱骨头，向下压肩峰，使浅而小的关节盂向内下旋转，从而与肱骨头的圆形关节面一致，使其易于滑过较大的肱骨头而复位，减少交锁卡压。其复位机制与下牵法一样，而支点的顶托力更大，施术时须审慎，如下压时阻力太大，切不可用暴力强行下压，以免造成解剖颈或外科颈骨折。对老年体弱患者，因骨的强韧度相对较差，用该法更应特别小心。

【案八】高某，男，65 岁，芦山人，2001 年 5 月 3 日就诊，因肩关节盂下脱位，在行平牵复位下压时致外科颈骨折。

对于筋肉强壮者，可让助手加大牵引力。取卧式平牵时，可用木棒横顶于腋下，宽布带绕胸，同时对健侧助力牵拉上提。喙突下及锁骨下脱位，可以助手辅助，推顶肱骨头向盂前而复位。对肩关节后脱位，采用俯卧平牵法最适宜，施术时，患者俯卧于床边或桌边，患肢下垂，术者握住患臂向下牵引，助手于肩胛外缘肩峰下，推脱出的肱骨头向前而复位；亦可术者一人，一手握患肢腕部，屈患肘 90°，以膝跪压肘弯牵引，另一手推顶肱骨头而复位。

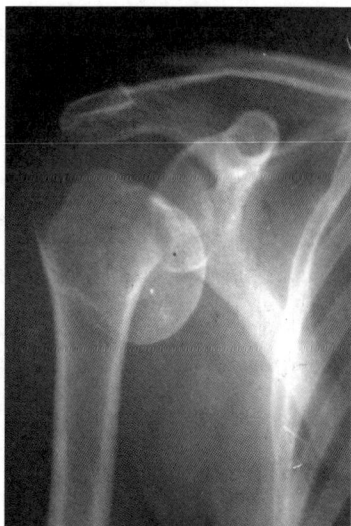

上牵法：患者取仰卧位，术者握住其腕关节先向下牵引并慢慢将患肢外展上举牵引，牵引时要持续用力，并轻度内旋、外旋，助手双手四指压于肩前部，拇指顶推肱骨头帮助复位。其复位机制是将患肢在牵引下外展，使肩部周围肌群放松以减少对抗力，在外展时肩峰与大结节形成支点，将肱骨头撬起，滑移到肩

胛盂内呈半脱位状态（此时的肱骨头已进入关节内），患肢内收放于胸前时，肱骨头则完全复位至正常，这是使肩关节从全脱位整复至半脱位，进而完全复位的方法。

这种从原路退回，逆损伤机制的复位方法，不需要太大的牵引力，肱骨头在复位入臼时是滚动入臼，可使摩擦阻力减少，同时可避开肱二头肌腱的缠绕，使复位省力，减少了对肱骨头和关节周围软组织的损伤。

以上提到的让患者用手抓住可以承力的横向树干、窗棂（拳眼向前），嘱其放松，使其突然倾跌（不松手）而使肩脱臼复位，以及用宽布带缚住患肢手腕吊于高处，利用重物牵引或凭患者体重而上牵复位的方法，都运用了逆损伤的复位机制。

（2）旋转顶推法：不需牵引或辅以很小的牵引力复位的方法，包括"苏秦背剑法""扣捏法"，以及利用复位器具"天地板"的复位法等。

"苏秦背剑法"：患者取坐位，术者以相对应之手握住患肢腕关节（左握左、右握右），另一只手从腋下向外托住肱骨头，拇指于外侧轻揉，同时术者一面与患者交谈，使其放松不备，一面屈肘轻轻上下抬动，当将患肢抬高过头时，腋下之手用力往外托，此时拇指由轻揉而成紧握，以辅助旋转，握腕之手由外展外旋而内收内旋搭于对侧肩上，恰如插剑入鞘之势，整个动作要连贯协调，当患者以为医者在询问检查病情，放松不备之时（多数患者惧怕复位时的疼痛），突然施法，一气呵成。此法用时须审慎，只可回环旋转，不可用蛮力。正可谓"宜轻宜重为高手，兼劝兼骗是上工"。

扣捏法：患者取坐位或卧位均可，先使患肢放松，下垂，稍外展，术者于患侧，双手四指环抱于患肢腋下，扣住肱骨头，拇指压于肩峰上，轻揉患处，做轻摸检查状，分散患者注意力，待其放松不备之时，腋下四指突然发力，由下向外上托，拇指用力下压肩峰，形成合力推顶肱骨头复位。有时也可由助手配合，向外牵拉患肢前臂，并旋转内收而协助复位。必要时术者在扣捏时还可发"寸劲"，同时施弹抖手法以利复位。此法常用于盂下脱位及高龄体弱患者，它要求术者指上要有一定的功力，腕肘能突发"寸劲"，体现了术者手法与身体功法并用的重要性。

"天地板"复位法：根据扣捏、推顶的原理，利用辅助器具，通过杠杆作用助力复位。该法利用患者的身体做支点加强顶托力，利用天板与地板加强扣捏力，是较为省力的一种复位方法。"天地板"长宽法度合理，体现了前人的经验与智慧。

对于肩关节脱位的整复虽有诸多之法，然临证之时，则须根据不同的脱位、不同的患者选择最适合的方法，做到"识其体相，知其部位，心明手巧。既知其病情，复善用夫手法"。

临床上，常见的肩关节脱臼一般不需要麻醉，只要对症施法即可应手而愈。但有时可能遇到采用多种复位手法都不能奏效者，这类患者大多筋肉强健，精神紧张，因肌肉痉挛使肱骨头卡在脱位的地方，不能解脱；或因痉挛使肱骨内外旋转受限；或因痉挛致关节囊破口，未能充分张开，肱骨头无法入内；或因筋肉、关节周围组织卡于回路上造成阻力；或偶有撕脱的肱二头肌长腱，由肱二头肌的腱沟滑至肱骨头后方，妨碍肱骨头复位。伴有肱骨头大结节骨折的患者，多数骨块（撕脱下的）仍有骨膜与骨干相连，脱位一经复位，骨折块亦随之而复位，但有少数病例撕脱下的骨块完全分离，因受冈上肌牵拉移至肩峰之下，这也可能造成复位困难。

针对上述症情，在麻醉下复位可减少肌肉因疼痛引起的痉挛，在肌肉松弛的情况下做持续牵引，复位更加容易。如果仍觉有阻力，则可考虑调换牵引角度，一般由平牵转为上牵，或由助手推顶住肱骨头由上牵转为平牵，并配合旋转内收，除极罕见的情况，大部分病例可以复位，一般不需手术复位。

脱位如已超过3周即属陈旧脱位的范畴。对肩关节陈旧脱位的治疗应从多方面考虑，了解清楚该脱位是否能整复？是否能通过手法整复？是否非用手术切开整复不可？是否非整复不可？一般来说，脱位时间越久，用手法整复的可能性越小。年老体弱者，脱位如已超过1个月以上，大多不宜手法整复。即使患者年龄不大，但如脱位伴有骨折，亦不适于采用手法整复。对年轻，无伴发骨折，无神经血管伴发损伤，关节无明显粘连，X线片提示关节内外软组织无骨化现象，骨质未见疏松的患者，可尝试用手法复位。

对陈旧肩关节脱位的整复，首先要用分筋、拨络的手法，点揉肩关节及其周围，松解已僵硬的关节周围软组织，然后选用对症的方法复位。对不能用手法整复的患者，可考虑手术切开复位。有些陈旧脱位的患者，关节周围软组织存在不可逆的严重损害，或所伴发的骨折已不可能恢复正常，即使通过手术使关节复位，但关节的活动功能也不可能恢复或有较大的改善。有些患者脱位已久，关节的活动虽不是完全正常，但能胜任日常劳动，这种情况下没有必要将已适应功能的非正常解剖结构通过手术矫正。

临床上，时有肩关节脱位伴肱骨外科颈骨折的患者。如果肩关节全脱位而外科颈骨折未分离错位，其临床体征与肩关节脱位一致，只是软组织肿胀往往比单纯脱臼重。如果外科颈骨折已完全分离错位，其近折端的肱骨头常脱于盂下或盂前，而骨折远端由于受肌肉的牵拉作用或血肿造成的张力，仍处于关节盂内，造成未脱臼的假象，这种情况大多发生在尝试对患肢进行牵拉复位之后，这时一些肩关节脱臼的体征就不是很明显了，譬如肩部无明显的方肩畸形，摸之关节充实，无显著的空虚感，搭肩试验时无明显的"杜加"阳性征等，稍微不慎则极易误判，只有仔细做临床检查才能甄别清楚。此时将患侧与健侧做对比，用直尺量一下肩峰到肱骨髁的距离是否短缩即可清楚。

肩关节脱位伴肱骨外科颈骨折用手法复位的难度比单纯的肩关节脱位难。首先要仔细审视，了解骨折与脱位的关系，明确治疗是以骨折为主还是以脱位为主。外科颈部骨折仅成角错位者，或不存在重叠错位的患者，应以治疗脱位为主，兼顾骨折。此类患者临床表现多为肩关节脱位，伴发外科颈外展型骨折，应施以顶托肱骨头为主、牵引为辅的"扣捏法"，助手先向外下徐徐牵引，术者双手环抱骨折部，四指在腋下推顶脱出的肱骨头，拇指在肩上，既稳住折端，又在助手由外展牵引转向内收时，加力端挤骨折处，辅助纠正成角错位，同时施扣捏力使脱出的肱骨头入臼。亦可先在腋下放置"腋托板"，再用平牵法复位。这种方法主要是利用腋板稳住骨折部，防止外展牵引时使成角加大而成全错位。利用腋托的上端圆形托顶住肱骨头，在持续牵引的情况下，待脱位松动时可向下压远端，使肱骨头与骨折同时复位，同时术者可用双手掌相对用力于骨折部，既可稳住折端，也可辅助推挤复位。由于有腋托承于腋下，可以使牵引下压、顶托之时的力分散，防止力集中在骨折部，将骨折完全分离错位。总之，牵引须缓慢持续，下压施力须稳定谨慎，忌暴力，且不宜旋转。

如果骨折已完全分离，牵引复位已不可能，牵引反而会使关节囊破裂的口子收紧，使脱出的肱骨头不易复位。这种情况下宜先复位脱臼再治疗骨折。可将肩关节轻微抬高，先用扣捏顶托等法，推挤肱骨头入臼，待肱骨头归位后，再整复骨折。按外固定法则的要求，骨折复位不一定刻意追求解剖对位，只要肱骨远折端能与肱骨头有效吻合，使脱位稳定，不再脱出即可。只要骨折功能愈合，再配合后期有效的练习，日后关节的功能活动可恢复到较为满意的程度，有时其效果不亚于手术复位内固定治疗。

对完全错位的横断外科颈骨折或短斜形骨折伴肩关节脱臼患者，亦可根据病情先将骨折复位，用骨折复位手法将肱骨与折断的肱骨头对上，再用肱骨顶住肱骨头，用顶托手法将脱臼撬上。复位前一定要仔细查看 X 线片，如果肱骨头有旋转，则必须先用手法使其旋正，然后再正骨。推送顶撬肱骨头时，术者要用手指辅助稳住肱骨头，以免其再旋转而影响复位。

一般软组织损伤较轻，不伴有骨折的肩关节脱位，不需要夹缚固定。复位后外敷中药，前脱位采取连体内收位固定，后脱位采取连体外旋外展固定。1～2周，脱位稳定即可去除连体固定，继续用药，同时肩关节做由轻到重、由小幅度到大幅度的活动，以使损伤及时恢复。

软组织损伤较重的病例，多由于肱骨头脱位所致，除了关节囊前下缘撕裂外，还会伴有关节盂缘或关节盂唇撕裂、大结节撕脱等。当关节囊靠近肱骨头撕脱时，由于肩袖、肩胛下肌腱及肱二头肌长腱与关节囊紧密相连，这些肌腱有时亦可能与关节囊一并撕裂或撕脱。有些病例在脱位之时，肱骨头后侧受到关节盂前缘的挤压或冲击而发生凹陷性骨折，甚至肱骨头后侧被冲击脱落，由于肱骨头后部的缺损或凹陷，关节稳定性差，在受损的组织还未恢复时，极易因肩关节的外展、外旋活动而使复位的肱骨头向前滑脱，发生再脱位，这类损伤恢复欠佳会造成习惯性肩关节脱位。对这类患者，复位后必须用"腋托"或"抱壳"将上臂连体固定于肩关节内收、内旋位3～4周，直到损伤愈合，关节稳定，然后再放开固定，进行功能练习。

较严重的大结节撕脱和肱骨外科颈骨折亦须用"腋托"或"抱壳"固定。根据病情，如有必要可于"抱壳"之外，再加抱板夹缚。肩关节脱位并肱骨外科颈骨折经手法复位后需固定骨折，按骨折类型的不同，可在"腋托"和"抱壳"之内加压垫，以增强固定的力度，并可通过压垫的应力作用，对一些一次复位后还存在的部分错位予以矫正。由内上向外下的骨折，于腋托下置1～1.5cm的（厚）

棉压垫于抱壳上部，折口上方对齐折端，于抱壳下部最低点置 1～1.5cm 厚的梯型纸垫。由外上而向内下的骨折，于腋托下置薄棉垫，腋托远端置 3cm（厚）以上的厚棉垫于肘关节内上髁上方，折口处放置 1～2cm 厚的平纸垫，待压垫置好后，用绷带"8"字绷法固定肩部。在做绷带连体固定时，前者应连体缚于肱骨下 1/3 以下部位，而后者则应缚于肱骨中段以上部位。对部分肩部软组织损伤严重，血肿消散后出现筋弛，致肩关节间隙加大，或所伴发肱骨外科颈骨折呈分离状者，在固定时还须加以肩肘关节对向挤压固定。如骨折为横断或短斜形，则即时可施对向挤压固定。但如系长斜型或粉碎型骨折，则需待骨折断端稍稳定后，再施以对向挤压，而且须随时检查对向挤压是否造成成角变形或错位，一旦发现，应及时调整应力垫和对向挤压的力度。根据骨折的稳定情况，3～4 周即可去除连体固定，逐渐在外力的辅助下做上举功能练习，6 周后可完全去除固定板，做自主肩关节上举、旋转功能练习。

功能练习属传统中医正骨的练功疗法，是治疗损伤、加速愈合、恢复肢体正常功能必不可少的环节。肩关节脱位及所伴发的骨折，通过手法整复、固定和药物辅助治疗，虽然解剖形态得到修复，但肢体的活动功能则需要较长一段时间才能恢复正常，此时功能练习起了至关重要的作用。在医生的指导下，进行及时、正确的功能练习可以使损伤加快愈合，肢体功能尽早恢复。早期的锻炼活动还可增强夹板中应力垫的作用，对部分残余的成角错位及侧方移位起到矫正作用。一些解剖形态不能完全恢复的患者，在通过功能练习和自主运动后可使肢体功能获得较大改善。部分患者虽然达到解剖复位，但因种种原因忽视了功能练习，造成愈合期延长，乃至留下功能障碍。所以中医正骨将功能练习与手法复位、固定、药物治疗视为同等重要。治疗的初期，即由医者指导患者根据不同的病情开始进行不同的练习，贯穿治疗全程，直至肢体功能完全恢复。

不同的损伤有不同的功能练习要求，除了医生指导，患者配合也是很关键的。根据不同的情况，针对不同的患者，医者须做耐心细致的工作，反复讲明病情，指出利弊，消除畏惧心理，解除思想顾虑，尽量发挥患者的主观能动性，使其积极配合练功，从而达到事半功倍的效果。

待患者关节脱位（及伴发的骨折）整复固定后，可指导其做手指的伸屈活动，1 周后再加上肘关节屈伸练习（需要对向挤压固定者除外）。老年患者手指屈伸频率要慢，但幅度要大，一定要屈伸到位。功能练习可促进组织肿胀的消退，防止血肿机化粘连，通过弛张活动减少筋肉的痿废。去除连体固定后即可由健侧手辅助患肢做抬肩运动，抬肩开始只要求屈肘平抬，幅度在能耐受（即不引起剧痛）的范围内，由小幅度尽量向大幅度抬举，待逐渐适应后，根据情况再行肘关节伸直平抬，并配合外展内收、上臂内外旋转等活动，并鼓励患者慢慢进入自主运动，或逐渐参加由轻到重的活动和日常劳动。自伤患者往往恢复较快，大多是因工作忙，求愈心切，无心理障碍，无依赖思想，及早进入自主活动或日常劳动，从而使肢体的活动功能很好地得到恢复。

后期肩关节活动不能完全恢复的患者常用的功能练习方法有开合手、蝴蝶手、老鹰展翅、白蛇吐信、尺蠖爬墙、大小圆手等（源于峨嵋武学），具体练法如下。

蝴蝶手：两脚站立，与肩同宽，双手由身侧屈肘提起至胸前，撮指，指尖点于乳季，以肘尖划圆，先由后向前划15次，然后再由前向后划15次，幅度先小后大，划毕变掌，先深吸气，后吐气，用力下按于两侧。

开合手：原式，吸气，两手掌提起变拳，拳心向内对靠于胸前，吐气发力变掌，向左右两边尽力平肩推出，然后吸气，由掌变拳，慢慢收回胸前，再吐气发力推出，如是15次。

白蛇吐信：接前式，吸气收拳靠于身侧肋下（拳心向上），然后吐气，由拳变掌向前上方伸出，出掌时逐渐内旋成掌心向下，再吸气由掌变拳收回，收拳时逐渐外旋成拳心向上，如此往复伸屈、旋转15次。

老鹰展翅：接前式，收掌，两手抱于头后，深吸气使肘关节尽量内收，然后缓缓吐气，两肘尽力外展、呼吸、内收、外展15次。

大小圆手：接前式，双手由头后放下，先起左手，内收于胸前，抬起掌心向内，待抬至平右肩时，手内旋，翻掌向外继续上抬，由右向左划圆，向左收回，过头后掌心逐渐由向外变向下而向内，经左外展过腹下划圆抬起，再过右肩过头顶如前划圆。待左手过头向外卜划时起右手，如左手一般，经腹内收过左肩，经头，再向右外划圆，此起彼落数十次，幅度由小到大，环转以能耐受，不能有"惯性"活动为度。

尺蠖爬墙：距墙一尺，面墙而立，五指微张，扒在墙上，然后指尖用力，缓缓引手掌上移，由下而上，逐渐上爬到不能耐受，继续抬肩时停留 3 分钟，后仍用指力缓缓送手掌向下回于原处，上下十余次为度。

上面提到的几种功法，仅是针对肩关节活动的部分功法，但只要按要求坚持不懈地认真练习，对肩关节功能的恢复一定会起到很好的作用。根据不同的病情，还可配合按摩、理疗等方法来促进关节活动的恢复。

（二）肘关节脱位

肘关节为屈戍关节，由肱骨下端、尺骨、桡骨上端组成，属于"复关节"，其中包括 3 个单关节，即肱尺关节、肱桡关节及桡尺近侧关节。这 3 个关节中，肱尺关节是肘关节伸屈运动的主体。由肱骨滑车和尺骨半月切迹构成关节，前有冠突，后有鹰嘴，加之肱肌及肱三头肌附着，形成稳定的关节骨性结构，为典型的屈伸关节。肱桡关节由肱骨小头球状关节面和桡骨小头顶凹窝状关节面构成，为多向运动关节。绕肱骨小头可做伸屈及环转运动，稳定性差，常在前臂骨折时合并脱位。上尺桡关节为桡骨小头环状关节面与尺骨冠突外侧的桡骨切迹，通过环状韧带的栓套构成，为车轴样关节，可做自身的环转运动。儿童时期由于桡骨小头发育不够完善，环韧带松弛，桡骨颈部没有明显的形成，极易滑脱，造成滑膜嵌顿成半脱位。

以上 3 个关节包在 1 个关节囊内，并以韧带加强。关节囊的上端在前后面分别附着于肱骨的冠状窝、桡骨窝和鹰嘴窝的上缘。两侧附着于肱骨滑车和肱骨小头的边缘，下端附着于桡骨颈和尺骨切迹的周缘，关节囊前后部松弛薄弱，便于肘的伸屈活动。两侧的纤维层增厚，形成桡侧副韧带和尺侧副韧带。尺侧副韧带呈扇形，从肱骨内上髁到尺骨半月切迹的内侧缘，分为前、后和下斜三束，前束从内上髁前面延至冠状突内侧缘，后束从内上髁下后延至鹰嘴的内侧缘，下斜束从鹰嘴延至冠突。桡侧副韧带从肱骨外上髁延至尺骨桡切迹和环状韧带，所以肘关节的稳定主要依靠肱骨下端与尺骨上端的解剖联系，尺桡侧副韧带及环状韧带形成辅助。

肱骨外上髁为前臂伸肌总腱附着部，内上髁前臂屈肌总腱的附着部。肘关节的肱骨内、外上髁与尺骨鹰嘴三个骨突标志在肘关节伸直时在一条线上，屈肘 90°时，这三点形成一个底边在上、顶角在下的等腰三角形，称之为肘后三角（修特三角），该三角形标志有无改变对鉴别肘关节脱位和骨折有实际意义。

　　肘部前方有肱动脉、静脉和正中神经并行，由肱二头肌筋膜下进入前臂。尺神经在肱动脉内侧，经内上髁后面的尺神经沟进入前臂。桡神经是上肢一条粗大的神经，从腋窝向外下斜绕肱骨后面，由桡神经沟下行至肱骨外上髁上方，在肱桡肌与肱肌之间分为深浅两支，浅支循桡动脉下行，深支循上臂外侧，经桡骨颈前外侧，穿过旋后肌至前臂背面，移位严重的肘关节脱位及骨折常会损伤血管与神经。

　　了解肘关节的结构对认识肘关节运动、分析肘部损伤机制、正确指导复位及治疗有非常重要的意义，正如《医宗金鉴·手法总论》说"必素知其体相，识其部位，一旦临证，机触于外，巧生于内，手随心转，法从手出，或拽之离而复合，或推之就而复位……"

　　肘关节是人体六大关节之一，在日常的生产生活中活动频繁，受伤的机会多，所以肘关节脱位在临床中很常见，发病率仅次于肩关节脱位，好发于青壮年，儿童和老年人较为少见。按照脱位的方向可分为后脱位、前脱位、侧方脱位及分裂型脱位，其中后脱位最为常见，分裂型脱位极少见。脱位并伴发骨折者为骨折脱位，如果脱臼穿破肘部软组织，骨端挪出，称为开放脱位。按发病时间，可分为新的脱位和陈旧脱位。

　　肘关节后脱位多由跌仆或高处坠下致伤。患者摔倒时，手掌于旋后位撑地，上肢处于外展位，肘关节过伸，纵向暴力使尺骨鹰嘴突然紧抵肱骨下端的鹰嘴窝，使鹰嘴构成一个支点，肱尺关节处形成杠杆作用，尺骨半月切迹从肱骨滑车部脱出，其产生的横向暴力可撕断冠状突上的肱前肌和肘关节囊的前壁，致肘关节在前方无软组织阻挡的情况下，肱骨下端向前移位，而纵向暴力继续使尺骨鹰嘴向后上方移位。由于环状韧带和骨间膜将尺桡骨紧束在一起，所以脱位时尺骨冠状突和桡骨头也同时滑向后方，形成临床上最常见的肘关节后脱位，古称"鹅鼻骨上挪"就是指这种脱位。

　　古称的"肘骨大错"属于肘关节侧方脱位，亦称肘关节侧向错位。它分为后内侧脱位和后外侧脱位，其中以后外侧脱位最为常见。

　　人在跌倒之时，身体的自重加上倾跌的力，以及手掌或其他部位着地后的反作用力构成了轴向暴力，包括受伤过程中产生的剪切、旋转的暴力和人体局部骨和关节特殊结构与肌肉急骤收缩所产生的力等，构成了造成伤害的暴力。一般情况下，各种应力的交汇集中点即是损伤发生的部位，而构成暴力的各种应力的组成比例、大小不同，会造成同一部位发生不同类型的损伤。

有时暴力是瞬间的，它造成一个部位的损伤后即停止或减弱了。而有时，一个部位受伤后，暴力并未结束，继续作用，造成了新的应力集中点，导致同一跌仆过程中有两个或两个以上部位的损伤。临床上还可以见到因矿山事故、车祸或顺山坠落，暴力多次、多方位出现，导致多部位的复杂多发性损伤。

因各人的身体情况不同，对突发情况的应变速度不同，局部结构的差异（如肘关节携带角大小不同）等，不同的跌仆体位可导致同样的伤害，同样的体位也可造成不同的伤害。同样是摔倒向前跌仆，上肢呈外展、外旋、肘关节过伸时手掌着地，可造成肩关节脱位、肘关节脱位、肱骨外科颈骨折、孟氏骨折、盖氏骨折（桡骨远折端向背侧移位型）等不同的损伤，也可造成桡骨远端骨折伴肱骨外科颈骨折或伴肘关节脱位、上尺桡关节小头骨折、冠状突骨折等的两处或两处以上损伤。

肘关节后外侧脱位者，多因跌倒时上肢外展、外旋的角度较大，横向暴力大于纵向暴力，使肱骨下端先从尺骨切迹处脱出向前移，而自身体重将其向下内移位，而相对较小的因手掌撑地形成的纵向反作用力使尺骨鹰嘴连同桡骨头向后外脱向肘关节的外侧，形成后外侧脱位，骨端向桡侧移位严重者，可引起肱骨内上髁撕脱骨折及尺神经牵拉伤。

肘关节后内侧脱位，则发生在上肢内收，肱骨内旋，手掌偏尺侧着地，各种暴力的应力恰好集中于肘部时。人以正前位跌仆，双手着地的概率大大低于侧向偏左或偏右跌仆，而在跌仆之时，人自身的反应多以同侧之手顺跌倒之势向外展着地保护，出现以手内收着地的概率较少，造成各种应力集中出现的可能相对也少，所以造成肘关节后内侧脱位的可能就相对少得多了。一旦发生肘后内侧脱位，肱骨多呈内旋状，尺骨鹰嘴连同桡骨头向肘关节内侧上方的错位也较远，向下稍作牵引即可清楚显示后内脱出，其所造成的周围软组织撕裂伤比较严重。

肘关节前脱位，多因跌仆之时肘关节处于屈曲位，肘尖着地或因重物在手着地，肘关节过伸位时直击鹰嘴部，暴力由后向前先致尺骨鹰嘴骨折，暴力继续作用，将尺桡骨上部移至肘关节前面，肱骨下端的前方，成为肘关节前脱位。极少见不发生鹰嘴骨折的单纯前脱位。

肘关节分裂型脱位极为罕见，多由较大的暴力先将上尺桡关节环状韧带撕裂，肱骨下端在关节脱位后直插入尺桡骨中间，使尺桡骨分离而致。如果尺桡骨分开脱位于肱骨下端的前后方则称为"前后型分裂脱位"。如果尺桡骨上端分别错位于肘关节内外侧，则称为"内外侧分裂型脱位"。

肘关节脱位伴骨折时称为肘关节骨折脱位。肘关节前脱位多为肘关节骨折脱位。肘关节后脱位时，如冠状突尚未离开肱骨滑车，强大纵向暴力迫使尺桡骨向上移位（纵向暴力大于横向暴力时），则容易产生因撞击而致的冠状突骨折，或桡骨头挤压性骨折。在肘关节前方脱位时，因侧向强大暴力的牵拉或屈肌、伸肌的急骤收缩，而造成肱骨内上髁或外上髁的撕脱骨折。临床中以肘关节脱位伴肱骨内上髁撕脱最为常见，据统计约占脱位的 50%。

肘关节脱位时，常导致骨膜、关节囊、韧带被撕裂，或肱肌和肱三头肌肌腱撕伤，从而导致经络破裂，瘀血留滞，如失治，血肿可在肘部形成机化、软组织粘连僵硬，甚至发生骨化性肌炎，造成肘关节活动受限。超过 1 个月的陈旧肘关节脱位，因上述原因而很难牵开，有时手法整复甚至用手术切开复位亦难保证肘关节的活动功能完全恢复。有些严重错位的肘关节脱位，特别是伴有骨折的脱位，还会同时造成肘部神经血管的损伤，引起很严重的并发症。

1. 临床表现与诊断

患者有明显的外伤史，肘部畸形、肿胀、疼痛，肘关节正常活动丧失。《医宗金鉴·正骨心法要旨》所载"若跌伤肘尖，向上突出，疼痛不止"，形象地描述了肘关节脱位时的典型临床表现。肘关节脱位诊断并不困难，按不同的脱位类型，有各自不同的临床体征。

一般情况下，后脱位患者肘关节弹性固定于 120° 半伸位，紧靠于胸腹前部，并常用健侧之手托住伤肢前臂，以减轻因晃动肘部而引起的疼痛。从患肢侧面望诊，其鹰嘴部明显向后突起，肘关节呈"靴状"畸形，若与健侧对比则关节前后径明显加宽。从正面望，可见肘窝饱满，摸之可扪及突出的肱骨头下端，若与健侧相比，患臂前面明显短于健侧。从后面看，患臂下端失去浑圆饱满感，呈扁薄状，摸之鹰嘴上部有明显的空虚凹陷感。肘后三角骨性标志的正常关系改变，X线正位片可见尺骨鹰嘴上移，离开鹰嘴窝，桡骨小头向上或外上与肱骨外上髁重叠。侧位片，可见肱骨头向前离开尺骨半月切迹，脱于尺骨冠状突之前。

肘关节侧后方脱位，除具备后脱位的症状、体征外，从正面望诊，与健侧相比，还可见患肢肘关节左右径明显加宽，若为后外侧脱位，摸之健侧肱骨外髁明显比桡骨小头稍突出，而患侧错位轻者则可感觉到桡骨小头与肱骨外上髁相平。较重的向外侧脱位，则明显可见桡骨小头超出肱骨外上髁之外，并可扪及桡骨小头的肱桡关节面，肘关节呈外翻状畸形，并可做内收、外展等异常活动。

若为后内侧脱位，在肘窝前外侧可扪及肱骨头，而摸不到桡骨小头形成明显的坎状畸形，在肱骨内上髁内侧后上方摸到突出的鹰嘴骨，肘关节明显呈内翻畸形。X线正位片，尺骨近端和桡骨离开正常的关节位，错于肱骨内侧，重者可脱出关节之外，滑至肱骨内髁上方，侧位片可见关节的后脱。如果盲目牵引，有时侧位片见不到脱位，但正位片则显示完全脱位。

临床所见的肘关节前脱位基本上都伴有鹰嘴骨折，软组织损伤也比后脱位重，所以前脱位患者的肘部大多有严重的软组织血肿，肘窝部隆起（肘关节前面的软组织相对比肘后的丰厚，一般肘关节损伤时，肿胀大多肘后比肘前明显）。肘关节呈过伸状，不能屈曲，与健侧对比，患肢前臂明显比健侧长，肘后多有瘀肿或软组织挫裂伤，触之有骨擦音，尺骨上端明显凹陷，且可摸到折断之鹰嘴折线。X线片可见鹰嘴骨折并向后翘起，重者鹰嘴呈粉碎骨折，尺骨多从冠状切迹处骨折，并与桡骨一起脱于肘前，肱骨头的前下方。

肘关节后脱位伴有骨折，肢体肿胀比单纯脱位严重，在伴发骨折处压痛十分明显。临床常见的肘关节脱位伴发肱骨内上髁撕脱骨折，除具备肘脱位的体征外，在肘内侧能摸到肱骨内上髁有游离状异常活动，肘关节被动外翻度也很大。肘关节脱位伴有内侧韧带撕裂时，肘关节被动外翻度也会加大，如伴有外侧韧带断裂时肘关节被动内翻度加大，并且异常活动非常明显，肘部处于极不稳定状态，即使将肘关节复位，马上做伸屈活动，关节仍有重新滑脱的可能。肘关节侧后方脱位伴发肱骨内髁或肱骨外髁、外上髁骨折的病例在临床上也较为多见。有时也可见到伴发尺骨冠状突、桡骨小头、桡骨颈骨折的病例，X线片能准确显示伴发的骨折类型。

如果肘脱位后继发腕关节下垂，不能自主伸腕，或第4、5指有麻木感，不能自主伸直，则提示在肘关节脱位时桡神经和尺神经受到牵拉伤，单纯尺神经受伤仅见第4、5指麻木疼痛。如果伤及肘部的血管时，血肿可累及手腕以下，而且张力大于一般损伤。脱位整复后，如果手掌部仍极度肿胀，且有表皮感觉减退，指端发凉、苍白或暗红剧痛，手指不能主动伸屈，被动伸屈有触电样疼痛，则表示血管有严重损伤，应引起高度重视，并应及时对症处理。临床中必须强调四诊合参，全面辨证，才不易发生漏误。有些患者因肘部损伤重、疼痛剧烈而掩盖了其他伤处，例如常见的肘脱位伴发前臂、腕部、肩关节部的损伤，医者临诊须仔细检查，多方考虑，特别注意相关部位有无压痛、畸形，必要时摄片排除。

望诊时肘关节后脱易与髁上骨折混淆，但稍微细辨，区别也是十分明显的。首先髁上骨折好发于小儿及部分老年人（多为粉碎性骨折），而肘关节脱位小儿少有发生，常多见于青壮年。髁上骨折时，髁上有明显压痛，肘三角关系正常，紧靠鹰嘴上方触之不空虚，老年患者有明显的骨擦音，骨折全分离者无骨擦音，但有明显的异常活动，可被动伸屈肘关节。脱位则不然，脱位发生后常使关节处于弹性固定状态，髁上压痛不明显（与周围压痛一致），肘后三角失常（修特三角倒置），摸鹰嘴上窝有空虚感，肘关节被动活动受限，通过X线片可以明确诊断。但必须注意，对于小儿，肱骨小头骨化中心未显现，仅靠X线片，肱骨远端全骺分离极易误诊为肘关节脱位。

对于儿童，骺板的强度远不及关节囊及韧带，关节部位损伤首先要考虑有无骨骼损伤。其次，仔细全面检查也是非常重要的一环，根据肿胀、压痛及瘀血瘀斑的部位，可对骨折部位有一个初步判断。幼儿肘关节脱位常为外侧脱位，而全骺分离远端往往内移。再次，熟悉小儿肘关节解剖形态及生理演变，才能在阅读X线片时提高诊断的正确率，以免误诊误治，给患儿的生长发育造成严重后果。

幼儿肘关节脱位非常罕见，而低位髁上骨折较为常见，若诊断有疑虑时，不妨先试行复位，若为肘脱位复位较易，一经复位，关节即比较稳定，但若是低位髁上骨折则复位较困难，有时看似已复位，但将肘关节稍加屈伸，依然畸形。

2. 辨证论治

虽然整复肘关节脱位比较容易，但亦不可贸然施法，若手法选择得当，则应手而复；若选择不当，不仅医者费时费力，而且会造成患者不必要的疼痛。临床上常有对肘关节侧后脱位认识不足、施法不当，几经周折不能复位者，更有因不当牵引，对关节周围组织造成新的撕伤，增加恢复难度者。《医宗金鉴·正骨心法要旨》说："即或其人元气素壮，败血易于流散，可以克期而愈，手法亦不可乱施，若元气弱，一旦受伤势已难支，设手法之再误，则万难挽回矣，此所以尤当审慎者。"故临床应认真检查，明确诊断，分清脱位类型，清楚移位方向、错位大小，了解患者的年龄、体质等具体情况，对病情了然于心，然后针对具体病情决定施用何种手法复位。

整复肘关节脱位的方法有牵引屈肘复位法、牵引推按复位法、扣捏（端挤）屈肘复位法、足蹬复位法、膝顶复位法、盘腰复位法、压提复位法。每种手法对应不同的症状。肘关节后脱位最宜用牵引屈肘法和牵引推按复位法，牵引可分为顺势牵引和过伸牵引。

（1）牵引屈肘复位法：临床应用最多的是顺势牵引屈肘复位法，主要针对错位较大（重叠多）的患者。患者取仰卧位或坐位均可（年老体弱患者宜取卧位），令其肩关节外展，伤肢手心朝上，使助手握住伤肢手部，术者一手握住上臂前侧方，固定肱骨以做对抗牵引，另一手握住伤肢前臂远端，与助手同时用力顺肘关节脱位后畸形的方向（120°左右半伸位）进行牵引，轻者经牵引即可复位，重者可在牵引的同时屈曲肘关节，此时可听到肘关节复位的滑动声。该法须顺应肘关节原有脱位或畸形方向进行牵引。对于错位较大的肘关节后脱位，如果采用强行过伸位或过度屈曲位进行牵引，既费力又易损伤肱前肌或肱三头肌。凡是错位较大的肘关节后脱位，肱前肌和肱三头肌直接靠近关节部的肌纤维都会有不同程度的撕裂，若此时再过伸牵引，会使前突的肱骨头加大对肱前肌的撕伤；若肘关节在未牵开重叠时就过度屈肘牵引，则肘后侧的肱三头肌纤维就会加大撕裂。

对错位较小的肘后脱位亦可采取"过伸牵引"，肘关节在过伸位下对抗牵引而复位。肘过伸，借助尺骨鹰嘴的杠杆支点作用，使喙突（冠状突）离开鹰嘴窝而上移，使尺骨切迹与肱骨滑车合缝。

（2）牵引推按复位法：此法可由助手配合施术，也可由术者一人施法。若一人施术时，术者以一手握伤肢远端近腕部并旋后，顺伤臂姿势用力牵拉（重叠多用力大，重叠少用力小），同时另一手以示指扣住鹰嘴端用力向下（远端）带，而以拇指或虎口顶住肱骨下端前侧，用力向上推按即可复位。如有助手配合时，患者取平卧或坐位，上臂外展，肘微屈，手向上，手心向内，助手固定前臂稍外旋，并用力向上提，术者面对患者，以双手四指环抱肘窝，下按前突之肱骨头

（形成对抗牵引之势），双手拇指相叠向上推鹰嘴，并缓缓屈患肘，即可复位。或由助手两人分别握患肢上臂与前臂相对牵引，术者背对患者，双手拇指置于鹰嘴尖部，其余四指环抱前臂上段，先拉前臂，使冠状突与肱骨下端分离，然后两助手加大牵引力，并缓缓屈肘，此时术者同时以拇指向前下推顶鹰嘴而复位。此法循欲合先离的治则，对嵌卡交锁较紧的肘关节后脱位最宜。

（3）膝顶复位法：亦属牵引推按法的范畴，操作时患者坐于凳上，术者位于患侧前面，一手握其前臂，一手握其腕部，同时一足踏在凳面上，以膝顶在患侧肘窝内，先顺畸形拔伸，然后屈其肘，闻入臼声，则表示脱位已复，然后合手稳住肘关节，屈伸数下以顺其筋。对年老体弱患者取卧位，术者于患侧（以膝抵住患肢肘窝），以一手在患肢肘窝骨下端或另一手握住患肢前臂，顺势上提（牵引），并渐屈其肘，即可复位。

牵引推按法也常用于肘关节前脱位。肘关节前脱位多合并尺骨鹰嘴骨折，整复时患者取坐位或卧位，由两名助手分别执伤肢上臂和前臂做对抗牵引，术者于患侧，将一手置于肘背侧，掌心托住后突之肱骨头（并顶折离后的鹰嘴），用力上推，另一手握在肘窝前下，以虎口对准肘窝，拿住上脱之尺骨上端，向后下按，先将脱位之肘关节整复，然后肘微屈，用对向推挤之法，整复鹰嘴骨折，并屈肘160°位固定。对极少见的单纯性肘关节前脱位，则须将肘关节在极度过伸位下顺势牵引，术者以一手托住后突之肱骨头向前推，加大肘关节过伸成角，另一手辅助远端握着前臂腕部的助手，用力向后牵的同时下按前臂近端向后，并令助手屈肘，即可复位。

对常见的分裂型脱位，亦可视具体病情，用牵引推按法复位，按中医正骨欲合先离、以子寻母的原则，对前后型脱位先整复尺骨脱位，再整复尺桡关节，对左右型脱位则须先牵开嵌入，再整复脱位。

（4）扣捏（端挤）屈肘复位法：肘关节侧方脱位用扣捏（端挤）屈肘复位法整复。患者取坐位或卧位均可，以左侧为例，患者肩外展时微屈（顺脱位），手心向上，自然放松。如果是后外侧脱位，术者以左手握住患肢前臂，另一手（右手）从侧后握住患肘，掌心对鹰嘴。如果是后内侧脱位，则术者应以右手握前臂，而用左手握患肘，并掌心对鹰嘴，施术时用握前臂之手来回小幅度伸屈患者肘关节，同时以握肘部之手用力扣捏，利用拇指根部（鱼际）与其余四指所形成的力（外后脱位时四指扣住肱骨内髁，拇指鱼际恰抵住外侧突出的桡骨小头），先纠正侧方错位，待觉脱位之关节滑动时，握前臂之手先用力顺势提拔牵引，扣捏时拇指用力与其余四指勾住肱骨远端，可与牵提之手对抗牵引，再屈肘到极度，即可复位。如果感觉有较大的阻力，切不可强行屈伸，可能扣捏未到位，或已有部分软组织嵌卡，这时须用力扣捏，有必要时可先用握肘之手（此时鱼际部不用力）拿顶住肱骨，而握前臂之手用力向肘后送，使后错位加大，再用力扣捏，先顺势微向下后牵再施上法，但切不可用力强牵，肘侧后方脱位除伴有两侧的副韧带（有时骨髁）撕裂外，常有关节囊或周围的组织被嵌卡于关节内，如果不先理顺就盲目牵引，不但不能复位，反而会加重嵌卡，增加不必要的再损伤。

　　侧向脱位并非由单一的轴向暴力造成，而是集旋转、斜向成角等多种暴力因素导致的，临床中虽不能一一分清，但施予手法复位时可化繁就简。首先须顺势，用错对捺正的手法（扣捏、端挤）使侧脱位先回到单纯的后脱位，使嵌卡之筋顺正，然后再用牵引屈肘复位法使其完全复位，正如《仙授理伤续断秘方》所载："凡手骨出者，看如何出，若骨出向左，则向右边拔入，骨向右出，则向左拔入。"扣捏、端挤之时辅以轻微的伸屈可使嵌卡绊套之筋慢慢解脱顺正，在没有阻挡的情况下，有时仅一次扣捏，脱位即可复位。

　　当然本法要求术者手上要有一定的功力。由术者一人复位，妙在得乎一心，双手配合使施法稳准，轻重适度，恰到好处。如需助手配合，由两助手一握上臂，一握前臂，配合做伸屈、牵引上提屈肘。术者于患侧，若为外后脱位，则以一手掌置于上臂下端肱骨内髁处，另一手置于肘下外侧桡骨小头处；若为肘内后侧脱位，则以一手置于肱骨外髁，另一手置于内侧肘下，顶住尺骨上端鹰嘴部，以形成上下错对之势。此法须医生、助手配合默契，方能得心应手。

　　复位完毕后，扣捏之手先不要放松，稳住肘关节，以握前臂之手将患肘伸屈数下，看肘关节是否在被动的情况下可以完全伸屈到位。如果还有部分嵌入或未完全到位，肘关节一旦做稍大幅度的伸屈又将脱出。如果肘关节已完全复位，有时虽伴有韧带断裂或骨髁撕脱，关节一时不能稳定，但只要扣捏住肘关节内外两侧，稳住关节再行伸屈，一般都不易再脱出。在被动的情况下，感觉关节内无阻碍，可以伸屈到位后（即使是一般的后脱位经复位后亦应做上述测试）进一步检查三角关系是否已恢复正常，并仔细扪摸肘关节内外侧桡骨小头、肱骨外髁、尺骨鹰嘴与肱骨内髁的关系是否正常，如有疑点，可与健侧对比检查，再摄肘关节正侧位片，证实是否完全复位。对于骨折伴发肘脱位，经摄片可了解折块是否已一并复位，以决定进一步的治疗措施。

摄片须摄正侧位片，如果是肘侧脱位，摄正位片尤为重要。在临床上常有对肘关节侧脱位认识不足者，在整复时仅用牵引屈肘等法，对于后外侧脱位几经施法仍不奏效，脱位无法复上，畸形不能纠正。对于肘后内侧脱位，在暴力强行牵引的情况下，有时会出现复位的假象，牵引时听到滑动入臼声，肘部尺骨鹰嘴后突畸形消失，而且摄侧位片也显示正常复位（这时患者关节一般都是极度肿胀，无法清楚显示修特三角关系），但这不过是一种假象，只要摄肘关节正位片，就可发现完全未复位。可见摄正位片复查是很重要的。即使有些患者因关节周围软组织损伤严重，肘关节极不稳定，一时摄正位片不便，但在关节稍稳定后也必须摄正位片检查确认。举例如下。

患者女，52岁，雅安清江厂职工，自诉2005年6月5日在浴室内不慎跌倒致伤，伤后即到市医院求治，住院期间经过4次复位，最后一次由4人做对抗牵引整复均未果，遂考虑手术切开复位。患者于6月9日转至我院，查见左肘关节极度肿胀，延及手背手指，肘部水疱累累，剧痛，手掌第4、5指麻痛，但尚能伸屈，经摄侧位片显示关节完全正常，但正位片则明确显示左肘关节后内侧脱位。用扣捏法复位时听到明显的入臼声，但扣捏一松即滑出，考虑有软组织嵌卡，建议待肘部肿胀稍消退后再予复位。经对症用药，6月15日肿胀已大部消退，再摄正位片见脱位如故，且清晰显示肘关节间隙及内外侧髁部有米粒大的片状骨影，遂用松解手法将肘关节原路送脱，再行扣捏法复位，施法顺利，脱位应手而复，正位片显示关节已完全复位。给予肘托固定3日后再摄正侧位片，显示关节已完全恢复正常，患者肘部不痛，手第4、5指仍感麻痛，解除肘托并用药，嘱患者时时伸屈旋转肘关节，锻炼关节功能，促进恢复。

在临床中，肘关节后外侧脱位较之后内侧脱位容易复位，究其原因，肱骨内髁低于外髁，肱骨外上髁和外髁不如内髁凸凹，肘关节外后脱位韧带不易嵌卡，且桡骨短于尺骨，肱尺关节是肘关节之主，后外侧脱位时尺骨离肱骨头近于后内侧脱位，而复位时又是以整复尺肱关节为主，在羁绊少、距离近的前提下，尺肱关节一经整复，桡骨头自然随之而归位。后内侧脱位则不然，脱位发生后，尺骨往往完全远离肱骨头，脱于肘内后侧，此时桡骨离肱骨相对最近，而肱骨内上髁与肱骨滑车间距大于肱骨外上髁间距，且内上髁与滑车间有一凹陷，复位时如手法不当，或左右位尚未完全矫正到位就盲目牵引，或因肌肉收缩，极易将尺骨鹰嘴卡于此处。此时桡骨小头处于肱骨滑车部，桡侧副韧带绕于肱骨后缘鹰嘴窝边缘，从外观上看，鹰嘴上移的畸形消失，肘关节弹性固定于此处，还可做较大幅度的伸屈。摄侧位片时鹰嘴已牵至滑车部，造成错位已经复位成功的假象，如不详察，极易因误认为已复位而给予固定，待后来发现时已导致延误治疗。有些病例当时发现未完全复位，又再施手法或欲就势矫正侧脱（按先捺正而后牵引）而未果，考虑是否因重叠未牵开而加大暴力牵引，致使嵌卡更紧，周围软组织损伤更重。针对此类病情，须先将关节脱出于后外，使鹰嘴离开肱骨滑车内上髁间凹处，并将绊卡其间的软组织（主要是桡侧副韧带）带出，重新施法方能奏效。

对于有骨折伴发的肘关节脱位，根据脱位类型选择适宜的手法先将脱位整复，然后再复骨折，一般伴有肱骨内上髁骨折者，肘关节已经复位后骨块一般都能随之复位，但亦有极少数的病例骨块被带于关节内，遇这种情况可用反牵加大关节间隙，后用弹抖推挤的手法使骨块拉出。若不然，则需如前法将关节再脱位而后再行复位。对小块的游离骨块，如常见的冠状突的骨折块，不一定要求完全到位而以恢复肘关节的伸屈功能为首要考虑，不予固定，移位不大的Ⅰ、Ⅱ型桡骨小头骨折亦然。针对有些对复位要求高的患者，在讲明病情、分清利弊的前提下可行手术予以内固定。

开放脱位，应严格清创、复位，再行处理脱位与伤口对症治疗。如伴有其他部位的骨折，则须分清主次，或先整复肘脱再整复桡骨远端或外科颈，或先整复骨折再整复脱位，不一而论。应视具体情况，以尽量不给患者造成更大的痛苦，顺乎法理，便于操作为要。超过3周的肘关节脱位属于陈旧脱位，对于陈旧肘关节脱位须认真仔细检查，确定能否通过手法整复，一般只要关节周围软组织无严重的僵硬机化，无神经血管损伤，摄片无软组织骨化影，都可使用手法复位，不一定需要手术。其复位必先用手法分经拨络，将已部分粘连僵硬的组织松解，再由小到大范围进行逐渐旋转屈伸手法活动、牵拉，使筋柔顺，然后根据病情选用以上手法予以复位。

临床上单纯的陈旧肘脱位复位的可能比侧后脱位大，施术前一定要谨慎，如筋不能松解则不应强行暴力整复，以免造成新的损伤。对于整复不上或不适合手法复位的患者可考虑切开复位，但对有些迁延日久，关节已僵硬、软组织已瘢痕僵化的情况，即使通过手术恢复肘关节的解剖关系，但关节的运动功能也已不可能完全恢复。

大凡肘关节脱位都会造成关节周围软组织不同程度的撕伤出血，瘀血停积又极易出现软组织机化、僵硬，使肘关节活动功能久久不能恢复，更有甚者，可造成不可逆转的肘关节活动功能障碍。临床中有些患者肘部损伤既无骨折又无脱臼，仅是一般的肘关节筋伤，也有因处理不当而造成不良后果者，故肘关节脱位虽已通过手法正骨，但处理不好筋与骨、动与静的关系也是不行的。所以。临床应根据不同的病情辨明轻重、分清主次，适时掌握固定与治疗的时期，及早进行功能练习，正如《仙授理伤续断秘方》指出："凡曲转……将绢片包之，后时时运动，盖曲则得伸，得伸则不得曲，或曲或伸，时时为之方可。"危亦林《世医得效方》也说，脱位经复位后"不可放定，或时，又用拽屈拽直。此处筋多，吃药后若不屈直，则恐成疾，日后屈直不得"。

按以功能恢复为主，及时活动的原则，一般脱位经恢复后，屈肘时固定3天即可放开，边用药促其血肿消退，边任其活动，加强伸屈功能练习。有较重的软组织损伤者，用肘托固定1周，视其情况，最多不超过2周即去除固定，促使其功能练习。对伴发骨折的病例，可在不影响骨折固定的前提下尽量及早活动。对有些较小的折块无法固定，即使用手术固定也会影响活动的患者，应对患者讲清病情，取得其理解，权衡利弊，舍去骨折的对位而确保关节功能的最大恢复。

对早期失于调治或配合不好而后期伸屈受限的患者，可配合轻柔的按摩理疗、中药熏洗等法，鼓励患者发挥主观能动性，由轻到重加强伸屈活动，切忌急于求成，粗暴强拉硬拽，造成进一步的损伤机化。

（三）桡骨远端骨折

桡骨远端骨折，是指桡骨远端关节面以上2～3cm的骨折，是伤科临床最常见的损伤。据统计，我院年收治桡骨远端骨折1100余例，约占全身各类骨折的60%。人在跌仆之时，自身的应急保护反应是不自觉地以手撑挡，护住头、胸等重要部位不致受损，此时手掌前臂远端首当其冲，而桡骨下端2cm左右处恰是松质骨与坚质骨的交接部，相对为应力的薄弱点，跌仆之时，人体的重力和加速度所形成的力与手撑地时形成的反作用力在该部构成暴力交汇，从而发生骨折，故桡骨远端骨折居全身各类骨折之首，且多系间接暴力所致。伤者多为中年人或老年人，由于桡骨下端骨骺在 1 岁左右才出现，18 ~ 20 岁时才与骨干融合，所以 20 岁以前的患者多表现为骨骺分离。

桡骨古称辅骨或昆骨、经骨。《医宗金鉴·正骨心法要旨·臂骨》云："臂骨者，自肘至腕有正辅二根，其在下而形体长大，连肘尖者为臂骨；其在上而形体短细者为辅骨，俗名缠骨。迭并相依，俱接于腕。"桡骨远端呈凹陷的关节面与隆凸的第一外腕骨形成桡腕关节，其关节主要包容腕舟骨和月骨，关节面向掌侧倾斜 0° ~ 23°，平均 11°，即所谓"掌倾角"。尺骨不参与该关节，而由关节盘隔开。关节盘呈三角形，由纤维软骨所构成，三角盘的一端附着在尺骨茎突桡侧基底部，另一端附丽于尺骨桡切迹远侧缘，与腕三角骨相接。三角纤维软骨盘与关节囊和腕背掌侧韧带相连，为维持下尺桡关节稳定性的主要结构。前臂肘关节中尺骨的作用最大，而桡腕关节则以桡骨的作用最大。

桡骨远端膨大，主要由松质骨构成，上端与桡骨坚质骨相连，其横断面近似长方形，形成掌、背、尺、桡侧四个面，掌面光突凹陷，有旋前方肌附丽，体表标志此处正是"脉窝部"。在临床上，该部与健侧对比是检查是否正常与是否整复到位的摸诊对比点。桡骨远端背面稍隆，有四个骨性腱沟，有伸肌腱通过；桡侧面有肱桡肌附着其上，并有伸拇指短肌和外展拇长肌通过此处的骨纤维腱管；尺侧面是桡骨尺侧切迹和尺骨之桡侧半环形关节面构成的下尺桡关节，为前臂远端旋转活动的枢纽。桡骨远端向腕侧延伸形成桡骨茎突。桡骨茎突较尺骨茎突长 1 ~ 1.5cm，故桡骨远端关节面向尺侧倾斜 15° ~ 30°（此即平均为 23°的尺偏角）。当桡骨远端发生骨折时，上述正常解剖关系被损坏而改变，不单骨的形态发生变化，骨与骨之间的关节结构也随之发生变化，相关的肌腱也受到损伤。不单桡骨下端关节面角度发生改变，背侧肌沟也随之扭曲错位。若复位不良，则可造成腕与手指的功能障碍。

桡骨远端骨折多为间接暴力所致，亦有部分因直接暴力而致者，不同的致伤机制导致骨折的不同移位类型。按骨折的部位和错位情况，常分为伸直型桡骨远端骨折、屈曲型桡骨远端骨折、桡骨远端背侧缘骨折、桡骨远端掌侧缘骨折、桡骨茎突骨折。

对桡骨远端骨折的分类认识，明代《普济方·折伤门》首先记载了伸直型桡骨远端骨折的移位特点和超腕关节夹板的固定方法。清代胡廷光所编《伤科汇纂》更进一步将桡骨远端骨折分为背侧移位和掌侧移位两种类型，并采取相应合理的整复和固定方法。

近年来，随着科学技术的发展，检测手段的不断提高，人们对腕部生物力学及解剖认识增多，治疗观念不断更新，除传统的手法复位、夹板或石膏固定处，又有了经皮穿针固定、切开复位内固定、外固定器固定及关节镜的应用、骨或骨替代物的移植等更新的治疗方法。

对桡骨远端骨折也提出了多种分类方法，譬如：国外有学者将桡骨远端骨折分为弯曲型骨折、关节面剪力骨折、关节面压缩骨折、撕脱性骨折、复合型骨折5种类型。这种分类意在根据每种骨折类型的力学特点选择相近似的治疗方法，如弯曲型骨折就用与损伤相反的手法来完成复位，而对关节面压缩骨折则用分离牵引的力来使其复位等。这仅是偏重于闭合复位外固定者的一种分类，还有多种用在手术治疗的分类方法，这里不一一赘述。

总之，不同的分类均有各自相应的治疗措施，这些不同角度的分类使传统中医治疗桡骨远端骨折丰富了认识，进而遵循中医辨证施治的原则，根据自身的治疗特点和长处，能够进行更深入的探索和提高。

1. 伸直型桡骨远端骨折

伸直型桡骨远端骨折又称 Colles（科勒）骨折，发病率最高，居桡骨远端各类骨折之首，其伤多因间接暴力所致。伤者在跌倒时，肘关节伸展，前臂旋前，腕关节多呈背伸位，手掌先着地，身体由后上向前下的重力与地面由下而上的反作用力交汇于桡骨下端，扭转力、纵向冲击力及肌肉的牵拉力共同作用，造成该部骨折。

暴力轻时，发生骨折而移位不明显；若暴力较大时，桡骨远端掌侧骨皮质受应力作用而发生断裂，而背侧则因压力的作用而发生松质骨的嵌插或粉碎，使该部的正常解剖关系发生改变，骨折远端向背侧移位，折端向前成角，使桡骨下端关节面由正常的向掌侧倾角改向背侧倾角，正常的尺倾角减少或完全消失，甚至向桡外倾斜成负角。骨折离关节近时，常见桡背侧形成游离的骨块。

当严重移位时，骨断端可重叠移位，腕及手部形成典型的餐叉样畸形。同时由于身体向前内移动的残余扭转暴力的作用，迫使远折端旋后桡偏，形成枪刺样畸形，这种错位在临床上最多见，伤者大多是因手掌大面积撑地而致。但人跌仆之时由于反应速度不一样，姿势亦有千差万别，亦有出现意外的情况，如有跌仆时手外撑，伸肘前臂旋后位，平掌背伸小鱼际部而致伤者。一般这种伤姿多发生肘关节脱臼、上尺桡关节桡骨小头受损或造成孟氏骨折等，但都会因此而致科勒骨折。这种异于一般常见型的伤姿可使骨折远折端向背侧尺偏移位，临诊之时当详察，以便施用相应的手法整复和不同的方法固定。

由于桡骨下端骨折有成角移位及重叠移位而破坏了下尺桡关节的稳定结构，造成下桡尺关节脱位、分离或造成尺骨茎突骨折，如合并尺骨茎突骨折、下桡尺关节的三角纤维软骨盘随骨折片移向桡背侧，当尺骨茎突未折断而桡骨远折端又移位较多时，三角纤维软骨盘可被撕裂。除间接暴力外，亦有受重物打击碰撞等直接暴力造成的桡远骨折，临床最多见的发动机摇手柄回火所造成的桡骨远端骨折，患者往往是在顺时针摇转发动机时，前臂旋前位用力，当发动机进入压缩冲程时，若加在摇柄上的力小于气缸内压缩空气对活塞的压力时，活塞就会反向运动而突然使手柄逆时针反转，俗称"回火"，此时握柄之手松开则会被反转之手柄击中桡腕部而致骨折，这种直接暴力造成的骨折多为粉碎性骨折。若手不松开手柄，则反向暴力与原本向前的自身力形成间接暴力而致桡骨远端伸直型骨折。

中老年人骨质疏松，是该类骨折的高发群体，骨折常呈粉碎性并波及桡腕关节面。临床上，该类骨折如复位不良，常导致畸形愈合，畸形不重时仅可见患侧尺骨小头明显低于健侧；若较重时，则餐叉样畸形或枪刺样畸形较明显，这会使桡骨下端关节面倾斜度发生改变，或造成下桡尺关节脱位，影响腕关节背伸、掌屈及前臂的旋转活动。由于掌侧屈肌腱和背侧伸肌腱在桡骨下端的骨沟内移动或发生扭转，可影响肌腱滑动而引起手指活动功能障碍，特别是中老年患者早期失于活动，血肿机化，进而使指关节僵硬而久久不能伸屈，疼痛不能消失。有些患者虽因失于调治而致骨折畸形愈合，但一直都在不间断地劳动，手的功能活动反而能够得以完全恢复。

2. 屈曲型桡骨远端骨折

屈曲型桡骨远端骨折又称史密斯骨折、反科勒骨折，此类骨折较伸直型骨折少见，直接暴力打击腕背侧可导致此类骨折，但大多数患者是由于间接暴力所致。常见情况为患者向前外侧摔倒时，手背伸，手掌着地，前臂处于旋前位，前臂与地面构成的角度大于90°时，暴力通过近排腕骨向上传递，与身体向前倒下的重力及旋转力共同作用而发生骨折。暴力不是很大时，骨折仅表现为向掌背侧成角而错位不大，若患者在疾速运动中跌倒的暴力很大时，往往桡背侧因受强压力而先骨折，暴力继续使掌侧受应力的作用而骨折。骨折线经桡背侧向上斜向掌近侧，骨折块可连同腕关节一起向掌侧、桡侧移位。由于年轻人骨质对张应力的承受大于对压应力的承受，所以这类伤姿所造成的骨折多见于青少年。部分患者则在向后外跌倒时手背着地，腕关节急骤掌压，使桡背侧先因受张应力而骨折，继而桡掌侧受压应力而骨折，折线亦由桡骨远端背侧斜向桡掌近侧时可见桡掌侧有碎骨折块形成。由于老年人反应较迟钝，多易发生这种伤情，造成屈曲型桡骨远端骨折。骨折如移位不大时，仅见桡骨远端掌背侧隆起，局部疼痛肿胀，如果骨折远端面掌侧移位并重叠时，从侧面可见典型的锅铲样畸形。当桡骨远端向背侧成角畸形45°时，65%的轴向载荷直接作用于尺骨，其余载荷则集中在桡骨背侧关节面上，这种载荷的转移将导致桡腕关节的疼痛和手的握力降低，影响旋前和旋后活动，骨折的稳定性相对比伸直型桡骨远端骨折差。

桡骨远端关节面背侧缘骨折和掌侧缘骨折首先由巴通报道，跌仆时手掌着地，前臂与地面的反作用力直接作用在桡腕关节，近排腕骨和桡腕关节间形成不同的力的传递，使暴力直接作用于桡骨远端关节面的背侧缘或掌侧缘而形成不同类型的骨折。

3. 背侧缘骨折

又称巴通背侧缘骨折，造成该骨折的原因与伸直型桡骨远端骨折相同，只是患者手掌着地时前臂与地面所构成的角度比伸直型桡骨远端骨折大，其角度在80°以上时，身体向前下的重力与地面的反作用力在桡骨下端关节面的背侧缘形成剪力，由于掌倾角的存在，与腕舟骨和月骨的阻挡形成冲击力，造成桡骨下端背侧缘劈裂骨折，远端的骨折块呈楔形。折块较大，向近背侧移位时，腕骨亦随之移位，从而形成与伸直型桡骨远端骨折一样的餐叉样畸形，只是发生的部位比前者低而出现在腕关节部。有部分患者在向后外跌倒时，呈腕掌屈位手背着地时，亦可造成桡骨背侧缘骨折，这类患者掌倾角常在15°以上，掌屈位受暴力时掌侧缘所受的冲击力小于背侧缘的牵拉力，再加掌侧缘的骨质较坚强而不发生掌侧劈裂，可因桡骨背侧韧带的牵拉发生桡骨远端背缘撕脱骨折，该类骨折发生率较低，折块都比较小。还有较少数的病例，在掌背侧缘劈裂骨折的同时伴有掌侧缘小的撕脱伤。

4. 桡骨远端掌侧缘骨折

亦称巴通掌侧缘骨折，造成该类骨折的原因是患者向外跌倒时，腕关节呈掌屈位手背着地，着地角度多近90°，而该类骨折患者掌倾角多小于10°，外力使腕骨冲击桡骨下端掌侧缘的关节面，造成桡骨小端掌侧缘劈裂，骨折块较大超过1/4关节面时，则使腕骨随骨折块移位而形成脱位，并表现出如桡骨远端屈曲型骨折一样的锅铲样畸形。有部分患者亦发生腕部过度背伸位着地，由于掌侧倾角小，桡骨背侧缘对暴力的阻挡小于牵拉力，坚强的桡腕掌侧韧带牵拉，亦可造成桡骨远端背侧缘发生撕脱骨折，这类骨折发生畸形都不甚明显，发病率较低。由于桡骨远端特殊的解剖结构及损伤瞬间的外力作用不同，导致每个具体损伤部位各不相同。

5. 桡骨茎突骨折

单纯桡骨茎突骨折比较少见，直接暴力与间接暴力均可造成桡骨茎突骨折。

间接暴力主要指跌倒时手掌内旋，背侧桡偏着地，大鱼际部为支点，暴力自腕舟状骨传递到桡骨远端关节面茎突处而造成桡骨茎突骨折。这种姿势受伤极易造成腕舟骨骨折，茎突骨折块呈三角形，一般无移位或移位不大。有部分患者因受暴力，使腕关节极度尺偏，桡骨茎突受桡侧副韧带及关节囊的过度牵拉而发生骨折，骨折块呈小片游离状。

直接暴力打击于桡骨茎突处亦可造成单纯性的桡骨茎突骨折。伤者有明显的受打击或跌仆外伤史。新伤患者常表现为桡骨远端及腕关节肿胀疼痛，纵轴叩击及环压桡骨下端疼痛尤重，移位不大时畸形不甚明显，耐痛性强的患者腕关节尚能活动，手指屈伸亦不受限。若有明显移位时则出现屈曲型的畸形。伸直型骨折远端向背侧移位时，桡腕掌侧隆起，脉窝处凹陷消失，乃至异常隆突，桡腕部背侧高突，桡骨远端向前成角，从侧面观可见典型的"餐叉样"畸形。骨折远端向桡侧移位或有短缩时，则出现尺骨茎突与桡骨茎突等长，甚至长过桡骨茎突。经手掌正面看可见腕部明显增宽，手掌偏移向桡侧而呈现"枪刺状"畸形，腕部肿胀，手指及腕关节活动受限或丧失。屈曲型骨折远端向掌侧移位明显时，桡骨远端背侧隆起，与健侧比，脉窝处凹陷加大，近腕处侧面观可见明显的"锅铲状"畸形。桡骨远端掌侧缘骨折移位明显时同样会出现"锅铲状"畸形，背侧缘骨折移位明显时亦出现明显的"餐叉样"畸形。若粉碎性骨折，有较重的纵向劈裂并错位严重时，腕掌背侧横径增宽，亦可出现"枪刺状"畸形，部分患者在掌侧或背侧出现表皮组织挫伤。移位严重时，常有桡骨近折端冲刺出于体外形成桡骨远端开放性骨折的情况。

陈旧性桡骨远端骨折，有些腕部尚有肿胀。若移位不大时，摸之桡骨远端增大，尺骨茎突低于健侧。若错位较大时，则畸形明显，可见腕关节活动受限。部分患者因失于活动而手指伸屈受限，严重者出现桡关节肿胀僵硬，日久者出现失用肌萎型的桡腕关节僵硬，部分患者桡关节、肘关节及肩关节均出现运动障碍。临床还必须要注意，有部分桡腕部关节有急慢性筋劳损或腕骨骨病的患者，就诊时也自诉有外伤史，部分出现一定的畸形，但若仔细进行诊断辨识则不难予以区别。首先须了解受伤当时的具体程度，通过对受伤时的情况、损伤的程度、受伤与发病的时间关系及伤后症状变化及目前的症状、具体准确的疼痛部位的了解，就不难区别是陈旧损伤，还是因有一定的外伤而继发其他疾病，或原有潜在的病症而因较重的外伤诱发。譬如，患者虽有手腕部跌伤史，但伤后功能活动完全正常，疼痛亦不甚明显，且尚可继续胜任原来的工作和日常劳动，事隔多日后才逐渐出现症状，则可说明该病并非当时就有严重的损伤或骨折，而应着重注意其他疾病，然后再根据临床表现做进一步的相关检查，做出正确的诊断。

X线的应用可清楚地显示骨折的类型和骨折的错位变化，随着检查手段的日益先进，对某些复杂的损伤，有必要时尚可做CT或关节镜检查，以提高诊断的准确。

【辨证论治】

对于不完全骨折和无移位的骨折不存在整复的必要，可视其具体情况于掌侧置纸夹板或木夹板一块，稍事固定托住即可，然后辅以相应的药物外敷。一般来说只要骨折稳定，在必要的功能练习时不发生移位则不用固定，比固定更有利于损伤的及早恢复。如骨折已错位，则须根据不同类型的骨折采取相应的手法予以整复，并根据不同的伤情采取不同的方法固定。

（1）桡骨远端伸直型骨折的复位与固定：骨折能尽早一次整复成功对骨折愈

合和功能恢复是极为有利的，所以要求手法必须准、稳、巧、快。准，指病情了然于心，根据症情选择相应的手法；稳，要求手法沉着稳妥；巧，是指善用巧力，手法轻柔；快，是要骤然快速，使人不觉。在稳巧的前提下手法快，力争一气呵成，临床上最常用的手法有椅背法、牵抖复位法。

椅背法：患者取坐式，面对椅背反坐于特制的靠椅上（椅背设有各种不同的高度，椅后横档上缘呈圆弧状，专用于整复肩脱位及正骨时用）。患肢前臂旋前，手掌心向下置于椅背上，骨折近端向前成角处，恰放在椅背的后横档上，肘关节屈曲近90°，助手握患肢前臂上段，术者两手拇指并列置于远折端背侧，其余四指置于腕部，分别扣紧大小鱼际。先顺势拔伸牵引，待重叠纠正后，将远折端旋前、下压、屈腕，利用椅背为支点，顶托近折端复位。

治疗桡骨远端骨折的目的就是针对其错位恢复轴向对线和旋转对线及关节面的平整，整复力也必然是一种复合的力（造成骨折的暴力是一种综合多种暴力的集合，整复是逆暴力而使其复原），既能解决向前成角，又能纠正侧向旋转错位，在腕间一气呵成，达到准、稳、巧、快的境界，待畸形纠正后，术者在牵引下顺骨理筋，然后旋转摇动腕关节使关节面平复，对向端挤下尺桡关节使脱位恢复，针对部分背侧有碎块，一次复位不能完全复位者，可并用牵抖法、挤按法使之平复合位。

双手旋前屈腕复位法：患者取坐位或卧位（高龄或体弱患者多取卧位），患掌手心向下，助手握患肢上臂，术者双手紧握患者手掌腕部，拇指放于骨折远端背侧，示指微屈，桡侧顶住掌侧近折端，其余三指扣住大小鱼际，与助手在充分对抗牵引下术者发力上提，突然旋前反折掌屈，此时助手仅做轴向牵引力并稳住近端不动，使力不散，便于术者施法。一般仅前后错位的患者，后折掌屈即可复位，不必旋转用力，而旋转之时则双手桡侧之力大于尺侧之力，使腕关节始终保持充分的尺偏受力。如左右错位重者，在上提时可稍外旋远折端后再反折内旋（对少见的远端向内侧错位者不宜用此法）。

单手旋前折损复位法：患者取坐位或卧位均可，术者于前外侧以一手握近折端上部，一手（术者左手对应患者右手，右手对应患者左手）握远折端，示指桡侧缘齐折口，置于桡远折端背侧，拇指于掌侧先稍做对抗牵引，然后突然发力，用示指外缘（桡侧缘）顶住远折端反折牵引并迅速内旋下折并屈腕，此时术者握远折端之手随旋转力滑动成示指近节顶住近折端掌侧，而虎口处压住远折端背侧使骨折复位，整个动作使牵引、顶折回旋、端挤、伸屈腕一气呵成。

牵抖复位法：牵抖复位法，适用于伸直型桡骨远端粉碎骨折而未波及关节面者。患者取坐卧位均可，术者于患侧正对患者，以两手握患肢掌腕部，与助手做充分的对桡牵引，突然发力上下弹抖，用力要求迅速干脆，牵引力与弹抖配合一气，充分利用骨折部筋的牵拉作用使折块复位。牵引时要注意折块的部位，如折块偏于尺侧，则术者握尺侧之手的牵引力应大于桡侧；若折块在背侧缘，则须掌屈位下牵抖，反之亦然。其目的是使碎块侧折口充分张开，以使碎块复位，牵抖完毕，暂不松牵引，注意检查折块是否完全平复，并可辅以挤按手法使其完全复位。若骨折已波及关节面时，则在整复纠正畸形后再在牵引下轻轻摇转腕关节，通过腕骨的活动推挤使骨折块复位、关节面平复。

以上诸法都是考虑到桡骨远端伸直型骨折的特性，充分利用桡背侧骨膜的完整性（前面提到掌侧受张应力发生断裂，而背侧受压应力而骨折），根据骨折移位途径和创伤机制采用逆行椅正手法，通过牵引、顶折回旋、挤按，并巧妙运用杠杆力，使各种畸形依次得到纠正。根据损伤移位的程度，用不同的力度方法对症施治，临诊仔细检查，认真阅片分析，通过手摸心会做到胸中有数，施法有度，方可达到至真至善的境界。

骨折的整复是关键，良好的复位是骨折稳定的先决条件，而固定则是对复位的维持巩固和稳定的加强。比较而言，手法整复的时间短，而通过固定来维持稳定直至愈合的时间长，所以要使已复位的骨折不再错位，固定是最为重要的环节。对桡骨远端骨折，通常采用特制的异形纸夹板应力垫和夹板来固定。

骨折整复完毕后，不松牵引（特别是对于稳定性差的粉碎骨折），患肢仍保持旋前位掌心向下，根据病情对症外敷药物（如皮肤有破损或开放骨折，则先按常规清创用药；若有张力性水疱，则可先敷地榆膏或玉红膏，待皮肤条件好转后再敷续筋接骨膏），再以绷带缠绕边缘，绷带边放置夹板，先在掌侧缘脉窝偏上处放置纸垫，纸垫距腕关节 2cm 下缘恰好平近端折口，然后再放上掌侧纸夹板，夹板下缘稍超腕关节横纹，然后再置背侧垫，背侧垫近端对齐掌侧垫远端尺侧，以贴近尺骨茎突，但不压迫尺骨茎突为度，桡侧压垫需抱压桡骨远端背侧、桡侧，然后再据背侧垫的位置放上背侧纸夹板，纸夹板超腕关节，紧邻掌骨基底部，以不压住掌骨突为准，进而再放尺侧垫及尺侧纸夹板和桡侧纸夹板，纸夹板放置完再于外层放置硬夹板，硬夹板位置与纸夹板位置相对应。缠绕绷带时要注意松紧适度，对血肿严重者更应审慎，做到既要达到固定的目的，保持不再发生移位，又要利于循环，使血肿及早消退。夹缚固定完毕，屈肘90°，用挂带将前臂以中立位悬挂于胸前，嘱其不时伸屈手指，但不能做旋转及腕关节伸屈活动。将前臂固定于中立位可充分发挥肱桡肌之桡骨调节器作用，稳定骨折，纠正残余的旋后移位。固定保持4周左右，儿童固定2~3周即可。

（2）桡骨远端屈曲型骨折的复位与固定

双手旋后伸腕法：整复屈曲型骨折多用该法。患者取坐位或卧位，患肘屈曲90°，掌心朝下，助手握患肢上臂，术者与患者对向而立，术者以双手拇指紧压住桡近折端背侧，双手示指抵住远折端，其余三指随靠其后，以与患者相对应之手（即左对左，右对应右）为主，另一手为辅，紧握腕关节，与助手做充分对抗牵引后突然发力，稍向下随即向上端提，同时旋后，将患腕背伸，充分利用与拇指下压所形成的一组剪折力和旋转构成的瞬间综合力使骨折复位。然后再在持续背伸稍尺偏的牵引下顺骨理筋，仔细扪摸，检查折处是否完全平复，然后针对性施以挤按等法，最后轻轻左右摇转腕关节，再行固定。

"椅背法"复位法：椅背法即指利用椅背上的横栏作为支点代替术者手掌手指作为支点的方法，这样复位对实施的折顶力更大，支点更牢靠，适用青壮年等肌肉丰厚、患者情绪紧张，有反抗施术趋势，和骨折迁延日久而未整复，骨病初步形成，需较大复位力量，甚至折骨后再复位的患者。

青枝型骨折只需患臂旋后先做对抗牵引，再旋后反折伸腕即可复位。完成整复后，在掌心向下，腕背伸且稍尺偏的体位下维持牵引固定。先于掌侧缘放梯形纸垫于远折端，纸垫上缘齐骨折口，再放纸夹板及掌侧硬夹板，夹板超腕关节，弯头上翘，顶托住鱼际部，使腕关节保持伸腕45°位，对极不稳定，有再移位趋势者，可于掌侧板上端再置一方垫，以增强固定力，然后放背侧方垫于近折端，再依次放纸夹板及硬夹板，夹板以刚超过腕关节为度，接着依次放桡侧板和尺侧板，最后绷带缚定即可。

（3）桡骨远端掌侧缘骨折的复位与固定：同屈曲型桡骨远端骨折。

（4）背侧缘骨折的复位与固定：亦同伸直型桡骨远端骨折一样。仅是施术时，术者之手稍向下，以能扣紧患腕为要，在错位畸形纠正后着重以挤按手法使折块完全吻合，再压住折块，于牵引下左右旋转腕关节，使其关节面平复。牵引、旋转、摇动腕关节时，不论是掌侧缘或背侧缘骨折，都必须按骨折错位的情况分别采用大小不同的力，分别予以不同方向的牵引，分别做以内旋为主或外旋为主的旋转腕关节活动，以期通过牵引摇转，利用筋的牵拉和关节互相的磨合作用使关节面平复，不致因牵引、旋转不当而不能复位，甚至更加移位。

判断骨折错位的情况仅根据 X 线片的显示是不够的，因为 X 线片反映的只是骨可视范围内的变化，对骨的微观变化及对周围组织的损伤情况无法全面精确反映。所以在临床辨证施法的时候必须按传统要求，认真审视骨折错位情况，复位时力的大小方向，复位后有无再移位趋势，在何种情况下稳定、何种情况下不稳定等（传统谓"试力"），进而选择对症的方法，并据此施以可靠有效的固定，在骨折整复固定直至稳定的全治疗过程中都应如此随时根据病情变化而调整。

骨折在整复固定后仍有部分的病例发生再移位，这种情况多见于较重的粉碎性骨折。由于其断端极不稳定，仅用一般的夹板很难固定，复位后由于轴向变化的力不易控制，再因患者配合不好或做不当的运动，可使折端发生渐进式的移位。特别是桡骨远端掌背侧缘骨折，由于肌肉收缩活动所产生的肌张力和纵向传达的外力沿腕关节的轴心线作用，通过关节缘三角形的骨折块（斜形骨折纵向支撑作用极差）可能出现伴随腕关节向背侧或掌侧移位。患肢本身的自重亦是造成再移位的重要原因，只要固定不当，都可导致折块随着掌、腕的下垂而变化。针对上述情况，在复位时要尽量使关节面恢复平整，减少因折块塌陷而留下缺损区，以保持骨的轴向支撑。若复位后稳定较差，则对不同的病情采取不同的超关节附板加以固定。掌侧缘骨折附板，于夹板之外置于掌侧，超掌心直达掌指关节，以不碍手指伸屈为度；背侧缘骨折侧附板，置于背侧缘。有必要时可用皮牵引挂于附板上，以克服因骨折面塌陷不稳而导致的轴向移位。根据逆损伤机制的原理，背侧缘骨折应固定于轻度屈曲中立位，以充分利用背侧缘骨折的软组织紧张作用来维持骨折的复位，并且使掌侧已撕裂受损的软组织放松，在对合良好的条件下顺利恢复，有利于腕关节功能的早期恢复。若将其固定于背伸位，则可因腕舟骨和月骨对背侧骨块的推顶作用使其移位，而且已撕伤的掌侧桡腕韧带、关节囊也不能很好对合，致使恢复期加长，进而出现晚期的关节痛乃至关节不稳。

对于屈曲型骨折，则应固定于前臂旋后背伸位，以此利用掌侧软组织的合页作用使骨折稳定，使背侧的软组织放松对合，便于愈合，利于恢复。对于稳定差特别是关节面塌陷之骨折，每次换药都要在充分的定位牵引下或掌屈、或背伸、或尺偏，均依据逆骨折的错位方向。一般骨端骨折均愈合较快，不易发生骨不连的现象，虽然牵引活动对愈合有一定的影响，但是通过不断的牵拉可以使没有完全硬化的骨痂顺复位要求而塑形，对骨折的治疗和功能的恢复均是很有益处的。有时要达到解剖对位比较困难，但在整个治疗过程中逐渐纠正和改善骨折的移位，使得影响功能恢复的因素降到最低点却是有效、可行的。

桡骨茎突骨折一般无多大的移位，即使有移位，在牵引下稍加推挤也可复位。但在临床上应注意桡骨茎突骨折伴腕舟骨、月骨骨折的患者，以免漏诊。桡骨茎突骨折的固定一般按伸直型骨折固定即可。

桡骨远端骨折，在 2 ~ 15 岁小儿多表现为桡骨远端骨骺分离。桡远骨端骨化中心于 2 ~ 3 岁出现，14 ~ 16 岁与桡骨干融合。损伤时骨折开始于干骺线，而后进入干骺端仅轻度分离的骨折在临床上极易漏诊，常可见 X 线片都已表现有明显移位，但很多非专科性医院的放射科仍得出正常的结论，所以临床一定要认真检查，结合仔细阅片，以免误诊。桡骨远端骨折的整复与固定同成人一样，但针对小儿的手法要精巧快捷，切忌粗暴，以免造成不必要的损伤。对于早期漏诊导致的陈旧骨骺分离患者，因骺端骨折愈合极快（2 周即可稳定），故要将其用手法拆开，完全整复已很困难，但小儿的骨塑型能力很强，折端对位只要成角在 15°以内的部分超过 3/4，在日后的生长发育过程中，通过骨的自身塑型矫正，亦可达到满意的恢复。

中老年人骨折愈合较小儿慢，只要患者身体状况好，3 周以上的陈旧桡骨远端骨折都可用手法再整复。当然，时间越久，整复的困难就越大，满意度也就越差，有时也只能矫正成角，使肢体的外观不至于有太大的畸形。对恢复外形要求高的患者，可在麻醉下用摇钻在骨的折端（伸直型于背侧向掌侧、屈曲型由掌侧外缘避开血管）钻 3 ~ 5 个小孔安装克氏针，以不穿过对侧皮质为度，以便在进行手法操作时不须太大的力，拆开已畸形愈合的折端，使畸形得到较好的矫正，当然肢体功能的恢复才是最主要的。

桡骨远端骨折如果畸形愈合，通过较长时间的功能活动，除外形不能复原外，功能恢复是可以的，所以在临床实际操作过程中或因种种原因不能解剖复位时，亦必须按实际情况综合考虑，不必过分追求解剖复位。

针对陈旧骨折的情况，复位以椅背法最宜。施术时先做持续牵引，术者以双手紧扣远折端及腕部，与助手做对抗旋转和反折并左右摇摆，使已连接的骨痂折断，然后按前面提到的整复伸直形或屈曲型的方法，在椅背上顶折旋转复位，在复位后分别根据不同的骨折类型予以固定。一般对陈旧骨折固定，较之新鲜骨折，应力垫的厚度要更厚，夹缚比新鲜骨折要更紧一点。

桡骨远端骨折在整复固定后即须在医者指导下进行功能练习，以便使肿胀尽快消退，加速骨折愈合，防止关节僵硬，特别对于中老年患者，这一环节尤为重要。老年人多骨质疏松，筋腱韧性差，损伤后极易因肿胀迟迟不能消退而逐渐机化僵硬，使手指及腕关节不能伸屈，并可延至肩肘关节活动受限，甚者因病程日久而出现骨痿，部分患者还会因肿胀使腕管内压急骤升高而并发急性腕管综合征，造成严重的后果，所以遵循动静结合的原则，鼓励和及时地引导患者做适当而有效的功能练习是整个治疗过程中不可缺少的环节。

在复位固定后的第1周主要是练习手指的伸屈活动，要求伸屈频率不能快，但必须要完全伸屈到位，在不用大力的前提下患肢做自主活动，手指尽量伸直，然后屈指将拳头握紧。对于肿胀较重的患者，可嘱其用健手辅助，帮助活动到位。1周后增加肘关节的伸屈和肩关节的抬举活动练习，此时严禁前臂的旋转活动，因过早的旋转活动会使已受损的下尺桡关节软组织不能很好地恢复，而且因韧带的牵拉使尺骨小头前移，特别是伴有下尺桡关节脱位或尺骨茎突骨折的患者，可出现桡腕关节面增宽，尺骨低于健侧的畸形（这种情况，X线片往往无多大的异常显示），造成后期的关节疼痛及掌腕关节功能久久不能恢复的后果。所以，4周左右，待骨折已基本稳定，受损的关节周围软组织已基本恢复后，可视情况去除夹板后再逐渐行腕关节的伸屈活动。前臂的旋转功能练习要循序渐进，切忌暴力，达到加快愈合又减少并发症的目的。

三、常用独特方剂及药物

（一）方剂

1. 肢伤方一

药物组成：当归12g，赤芍12g，桃仁10g，红花6g，黄柏10g，防风10g，

木通 6g，甘草 6g，生地黄 12g，乳香 5g

适应证：一般用于伤后 2 周内。患者素体筋骨强盛，因暴力致骨断筋伤，气血受损，血溢于肤外，瘀积于筋肉肌肤之间，气机阻滞，不通则痛，舌紫黯，脉细涩或沉涩。

治法：行气活血，祛瘀止痛。

2. 肢伤方二

药物组成：当归 12g，赤芍 12g，续断 12g，威灵仙 12g，生薏苡仁 30g，桑寄生 30g，骨碎补 12g，五加皮 12g

适应证：一般用于伤后 3 ~ 6 周。患者损伤症状改善，肿胀瘀血逐渐消退，疼痛逐步减轻，但瘀血去而未尽，疼痛减而未止，断骨连而未坚，气血虽治而未顺，脏腑虽调而未和，经络虽通而未舒，舌质红、苔黄腻，脉弦细，需调和消散。

治法：祛瘀生新，舒筋活络。

3. 肢伤方三

药物组成：当归 12g，赤芍 12g，续断 12g，威灵仙 12g，骨碎补 12g，川木瓜 12g，天花粉 12g，黄芪 15g，熟地黄 15g，自然铜 10g，车前 10g

适应证：损伤 7 周以后。患者瘀肿已消，但筋骨尚未坚实，肌肉瘦削无力，运动功能尚未恢复，筋骨关节以刚为正，以柔为顺，以用为常。患者伤后日久，尚未完全恢复正常劳作，故气血不畅，肢体失濡，舌质紫黯，脉弦涩，因肝主筋，肾主骨，肝肾同源，故应以调补肝肾为主。

本方亦可针对脊柱损伤（督脉受损）患者。患者因伤损及督脉，气血阻滞。督脉总督全身之阳经，经脉不通，真阴之气不能运行于诸经，出现肢体麻木，知觉、运动减退，脏腑失和。

治法：调补肝肾，舒筋强骨。

4. 补肾壮骨汤

药物组成：熟地黄 12g，当归 12g，牛膝 10g，山萸肉 12g，茯苓 12g，续断 12g，杜仲 10g，白芍 10g，青皮 5g，五加皮 10g

适应证：陈旧性损伤、习惯性关节脱位、慢性劳损等。患者损伤日久，长期卧床休养，肢体缺乏常态下的活动强度，筋骨失濡，关节伸屈不利，活动受限，舌淡、苔白腻，脉沉细。因肝主筋，肾主骨，故治疗应以调补肝肾、强壮筋骨为主。或患者久病入络，气血阻滞，肢体关节失濡，故关节疼痛，并见肢体痿软，筋失濡养，不能束骨、利机关，故屈伸不利，挛缩强直。因久病正虚，不能拒邪，故遇阴寒及疲劳则加重。舌淡、脉虚细为正气不足之象；舌边有紫点为内有瘀血停滞，经络不通之象。本方亦可用于患者损伤日久，肝肾已虚，骨质疏松，气血运行不畅，腠理空虚，复感寒湿外邪，以致风寒湿邪入经，遇气候变化及疲劳可见症状加重。湿性重滞，脾阳不振，故手足沉重，肌肤不仁。寒性收引，故关节屈伸不利。

治法：补益肝肾，强壮筋骨。

5. 当归补血汤

药物组成：黄芪 30g，当归 10g，熟地黄 10g，白芍 10g，川芎 6g，白参 10g，白术 10g，茯苓 10g，炙甘草 5g

适应证：本方为当归补血汤、八珍汤复方制剂，用于治疗失血过多，或病后失调以致气血两虚者，或各种贫血属气虚、血虚、脾胃虚弱者，或疮疡溃后脓血过多，及因气血两虚创口久不愈者。症见面色苍白或萎黄，头晕目眩，四肢倦怠，气短懒言，心悸怔忡，饮食减少，爪甲舌淡，口唇淡白，脉细无力。

治法：益气生血，气血双补。

（二）药物

1. 风湿骨刺膏

【成分】生川乌、生草乌、骨碎补、鳖甲、白及、僵蚕、红花、干姜、独活、生天南星等 28 味。

【性状】本品为摊于布上的黑膏药。

【功能主治】祛风除湿、行气止痛、温筋复阳，用于风湿骨痛、骨质增生、关节僵硬不利。

2. 复方双乌化瘀膏

【成分】生草乌、生川乌、骨碎补、鳖甲、羌活、独活、苏木、当归、川芎、僵蚕、防己、红大戟、红花、莪术、桃仁、麻黄、防风、赤芍、白及、牛蒡子、金银花、蜈蚣、全蝎、肉桂。

【性状】本品为摊于布或牛皮纸上的黑膏药。

【功能主治】活血化瘀，祛风除湿。用于跌打损伤、风湿骨痛。

3. 活血止痛膏

【成分】生草乌、生川乌、生雪上一枝蒿、雄黄、红花、当归、骨碎补、鳖甲、土鳖虫、白芷、生天南星、细辛、甘松、广藿香、丁香、羌活、独活、苏木、川芎、僵蚕、防己、红大戟、莪术、桃仁、麻黄、防风、赤芍、白及、牛蒡子、金银花、蜈蚣、全蝎、肉桂。

【性状】本品为摊于牛皮纸或布上的黑膏药。

【功能主治】活血化瘀，祛风除湿，行气止痛。用于跌打损伤、骨折筋伤、瘀血肿痛。

4. 赤青软膏

【成分】骨碎补、自然铜（醋制）、续断、莪术、三棱、青皮、赤芍、姜黄、大黄、红花、土鳖虫。辅料为黄凡士林、纯化水、苯甲酸。

【性状】本品为深褐色的软膏。

【功能主治】活血化瘀，续筋接骨。用于筋骨损伤。

5. 散寒活络软膏

【成分】干姜、肉桂、独活、赤芍、白芷、生半夏。辅料为黄凡士林、纯化水、苯甲酸。

【性状】本品为深棕黄色的软膏。

【功能主治】通筋活络，温筋散寒。用于各类损伤后期。

6. 消肿解毒软膏

【成分】黄柏、甘草、薄荷、金银花、青皮、防风、白芷、陈皮、大黄、木香、姜黄、肉桂、荆芥。辅料为黄凡士林、苯甲酸。

【性状】本品为深褐黄色的软膏。

【功能主治】清热解毒，消肿止痛。用于痈疖初起、损伤早期。

7. 大力易筋酒

【成分】生川乌、生草乌、生雪上一枝蒿、骨碎补、姜黄、大黄、青皮、续断、花椒、红花、甘松、白酒。

【性状】本品为棕黄色的澄清液体。

【功能主治】活血通络，散寒止痛。用于寒凝气滞、血瘀导致的筋骨损伤。

8. 壮骨跌打酒

【成分】红花、桃仁、延胡索、杜仲、大血藤、枳壳、牡丹皮、土鳖虫、狗脊、乌药、骨碎补、当归、川芎、补骨脂、独活、续断、苏木、儿茶、血竭、陈皮、乳香（醋制）、没药（醋制）、三七、大黄。辅料为白酒。

【性状】本品为黄棕色的澄清液体，气香，味微苦、甘。

【功能主治】舒筋活络，散瘀止痛，强筋壮骨。用于跌打损伤、筋骨疼痛、腰腿不利。

四、特色技术

（一）中医骨伤手法复位

手法复位、小夹板固定是传统中医治疗骨折的主要手段。

骨折疾患得之骤然，来势迅猛，轻者痛苦难言，重则可危及生命。患伤之后，最急切之事莫过于及早复位，然后予以夹缚固定，尔后再施以药物促其痊愈，故精于此道者，无不重视复位手法之运用。骨科泰斗尚天裕教授说："正骨手法其本身是一门艺术高超的学问，其难度绝不亚于手术治疗。《医宗金鉴·正骨心法要旨·手法总论》指出：伤有轻重，而手法各有所宜，其痊可之迟速及遗留残疾与否，皆关乎手法之所施得宜，或失其宜，或未尽其法也。"说明了精湛的正骨手法在中医骨伤科中的重要地位。

1. 正骨手法，医武同功

中医正骨手法源远流长，各个流派都有其独到之处和精妙的手法，我们所传承的正骨手法源头起于峨嵋僧门武术，历经数代相传，在大量的临床实践中不断积淀经验和丰富内容，形成了自己别具一格的夹缚固定和正骨手法，武学淡出，专事医道已历三代，但至今仍还有许多地方看得出与武学的密切关系。上一辈传授我们技艺时还十分强调手法身功，在他们所传的治伤手法中，有些即是技击中的分筋错骨、点穴擒拿之法，法用之于制敌，可伤人于顷刻，而跌仆损伤在古时亦多是与人相搏或不慎跌倒，受到瞬间的旋转扭曲等暴力冲击所致，整复则是逆暴力的过程，恰到好处地运用制敌手法，整复可在眨眼之间。至今余常用的一气呵成之法，整复前臂尺桡骨下段骨折最是可见一斑。这种骨折在临床上多见于小儿因快速运动时跌仆，骨折发生在尺桡骨远段 5cm 左右的部位，X 线片上的表现大多为桡骨呈重叠错位，正位片上可见远折端错向后内侧，尺骨骨折呈轻度错位或未完全分离。该部骨折的错位类型有多种，上述是最多见的，它在前臂骨折中不算是重症，若伤后未经过整复即来求治者，我们常用单手缠腕擒拿手法，转瞬之间即可复位；如果经过别处整复再来复位者，则要稍慢一点，因为先须忖度对方已用过的手法，将骨折回到初伤时的位置，再行手法复位，有些还要分两步才能整复。例：龙某，男，13 岁，康定县人，因玩滑板车时不慎跌倒而致伤，7 月 8 日在康定多次复位未果，遂来我院，用上法整复，8 月 5 日愈出院。

在此道中，各家都有很多精到的正骨手法，像上述眨眼可就的整复手法常使观者不得不叹服中医正骨手法之妙，当然要能娴熟地运用正骨手法则需要大量的临床实践操作，更重要的是术者须练就一定的基本功，这样才能用得得心应手。这种基本功是老一辈的正骨者十分强调的，他们将练武练就的功力和一些身法手法用于治疗跌仆损伤、整复骨折脱臼、理筋按摩、点穴时就显出举重若轻，开合自如了，长期不懈的练功可使术者自身筋骨强健、肌肉柔韧、灵敏协调，而且十分善于发力用劲。师父常说，劲有长劲、短劲、寸劲、脆劲之分，力有大小轻重之不同，用拔伸牵拉时多用长劲、韧劲，牵抖时就要用脆劲，而寸劲则用在摸准力点时突而发之，其力促而短，恰到好处即止。劲要用巧劲活劲，死力蛮劲最不可取。

但凡练过功者，力起于丹田，气贯三节，劲可达着力处，发于瞬间，其形不张而力透筋骨，不论顺拗旋扭，变化多端，收发有度，开合自然，一言概之，即是通过练功练就灵巧的手法和刚柔相济的劲力，方可达到《医宗金鉴·正骨心法要旨·手法总论》中所言的"以一己之卷舒，高下疾徐，轻重开合，能达病者之血气凝滞，皮肉肿痛，筋骨挛折，与情志之苦欲也"的境界。同样，按摩正骨手法在练过功与未练过功的术者身上是迥然不同的两种境界。

所谓功，各武术门派传承有异，诸家所宗功法虽各有不同，但均讲究以心引意，以意导气，以气而发力。其实就是内在劲力发放的技巧，经过练功训练的人，发劲之先，力虽处于静止状态，但已有意地将全身之力集中，此谓蓄劲，而将所蓄的力瞬间释放于一处，即谓之发力。经过长期训练的力重而不滞，必要时一发而可呈现多种方向的力，使牵、折、提、按、旋、扭备于一体，诸力合为一体用于整复骨折脱位时，则逆暴力过程更为得体，复位就相对容易得多。术者因长期练习，发力时所涉的关节部各肌肉相互拮抗阻滞减少，各肌群能协调参加运动，从而大大提高了力的效率。

在损伤的康复过程中，择用相应的功法指导患者进行对症功能锻炼，常常会收到事半功倍的效果，所以传统的正骨医生十分重视功法的练习和运用。

《医宗金鉴·正骨心法要旨》讲"手随心转，法从手出"，说明手法的产生有一个过程。首先是医生经过对患者询问、检查后，对患者的损伤有了一定的初步认识，经过辨证，再通过手对各局部有目的地做进一步的检查，经各种对症的手法深入检查，详细了解病情后再行进一步的辨证，然后才能决定用何种手法治疗。

中医强调辨证施治，手法运用在骨伤科的辨证施治过程中是一个十分重要的环节，受伤后的检查、确诊后的整复、复位后的调理，无不与手法运用之得宜与否及施术者手法之高下相关。

2. 手法诊查，重在细致

古人对损伤的检查，特别是对伤筋、伤骨、骨折脱位的判断全凭手摸来确定，当确定是骨折后，还要确定该伤属于何种类型的骨折，其错位方向如何，进而出现的发展变化如何，以及该骨折与相邻的组织关系如何，与全身的关联又如何。《医宗金鉴·正骨心法要旨》讲："骨之截断、碎断、斜断，筋之弛纵、卷挛、翻转、离合，虽在肉里，以手扪之，自悉其情，法之所施，使患者不知其苦，方称为手法也。"充分说明手法检查的重要，而要达到通过手摸就能知晓病情，则要求术者"知其体相，识其部位"。古人对人体的解剖知识仅限于一个大概，与之现代的解剖学全然不能相比。古人认识的体相，不仅是对局部结构的认识，而且包含了局部的和局部与全身整体关系的变化。前人根据长期积累、代代相传的经验，以其对所伤部位筋骨的认识，通过手法检查来做出诊断，再经过反复辨证，确定相应的治疗手段和措施，"一旦临证，机触于外，巧生于内，手随心转，法随手出"。古人没有 X 线片的提示，虽然对骨折脱臼的了解不那样直观清晰，但从另一方面来讲，正因为如此，对骨折损伤的认识就不易局限于局部直观的变化，所以在 X 线片上看来表现一致的两个患者，在古人的认识中可能就存在差异，在辨证施治的原则指导下所确定的治疗方法，包括复位、固定及治疗的预后判断，也就有所不同。现在要传承，首先要在临床实践中遵循传统的辨证原则来指导诊断和治疗。现代有很多的先进设备作辅助检查，使很多判断变得直观清晰，如果能再练就精确的检查手法，在临床上把辅助检查的结果作为重要的参考，结合中医的临床检查去辨证施治，就会使诊断治疗水平得到很大的提高和充实。

在日常的门诊中每天不乏见到这样一些病例：部分无移位的骨折，限于受伤时间，早期在 X 线片上未被发现，但在临床检查中通过传统的方法去辨识都可以做出骨折（骨损骨裂）的诊断，并采取对症的治疗措施。有些股骨颈部裂纹骨折，X 线片早期不能显示，患者伤后还可跛行，但临床检查提示有骨折存在，如果患者按医嘱制动，经过一段时间的用药即可达到满意愈合，但有部分患者轻信 X 线片的提示，自行其是，任意活动，结果造成骨折完全错位，给治疗带来困难，并造成不必要的损失。

还有一些病例，受投照体位的限制，临床表现已有非常明显的骨折，但 X 线片却显示完全正常。曾有一例锁骨骨折患者，放射科的医生凭肉眼都可看出锁骨骨折后的折端，并触及清晰的骨擦音，但连续两个方向的 X 线片上都显示不出骨折，最后取近轴位才清楚显现出锁骨斜形骨折，这种情况最易在投照肋骨骨折时出现。

首诊医生经验不足，检查手法不到位，无法提出准确的投照检查目的而影响结果，最常见的就是胸椎压缩骨折，只摄胸片当然不易发现骨折。再有，一见到腰腿痛患者，不做认真检查辨证就行 CT 或磁共振检查腰椎间盘（成年患者椎间盘出现变化很普遍），从而漏掉了主要的问题——髋关节病变、股骨头坏死等，进而延误治疗。

有时医生对某病了解不深，例如肩关节后脱位，医生没有倾向性判断或仅按平时的常规摄正侧位片，自然就不能得出准确的诊断。肘关节内侧后脱位也是如此。肘关节后内侧脱位经整复后常将肘关节固定在屈曲位后再摄复位 X 线片检查。有时医生经验不足，复位时只将后脱位牵下而并未完全解决侧向错位，此时再在屈肘位摄片，侧位片显示脱位已复，而正位片因屈肘不能准确显示关节影像，从而出现漏误。至于放射科医生不能正确识读，临床医生经验不足、检查基本功不够，而将籽骨、二分髌骨等误诊为骨折乃至盲目进行切开手术的情况也是不少见的。

临床上常见的小关节错位、筋出槽等，即使用现在再好的检测设备也无法显示，即便通过投照能清楚显示，也是瞬间的图像，很多不稳定骨折、错位随时都在变化之中，不可能频繁摄片，传统中医伤科临床中大量的诊断和处理都要靠手法来完成。

单纯的四肢皮肉伤、伤筋、骨折、脱臼是伤科临床最常见的疾患。在四肢损伤的检查上，手法检查是用得最多的，也是非常重要的。

3. 手法检查四肢损伤概要

临证须凝神、静气，先仔细地望、问，初步了解该伤属全身伤还是局部伤，是复合伤还是单纯伤，是新伤还是陈旧伤。若全身伤则以辨证为主，而局部伤则以辨病为主。进而确定检查的侧重点，在分清标本、辨明轻重以后，遵循救命第一、救肢第二的原则。在当今的医疗条件下，对全身伤情较重者大多先运用现代医药的辅助手段检测，而暂不以手法检查为主，以争取宝贵的急救时间，当确定症情稳定后再施以局部的检测手法。

四肢检测手法通常用指或掌，根据不同的病情施以点、捏、按、压、分、拨、捻、搓、夹挤、绕折、顺逆离合等法，以查明骨折的类型、错位的情况，了解折端与周围筋肉的关系、近关节处骨折与关节的关系，检查关节则用伸屈旋转、升降离合等法。部分病情在检查时可用空拳、凤眼捶、点叩或捶击以辅助诊断。

手法要轻而不浮，重而不滞，由浅入深，由轻到重。运用时从上至下（偶用逆势，从下至上），仔细对比探摸，诸法之中以对比探摸为主，人有常形有异样，伤情要与常人对比，更要有自身左右对比，通过对比，既能查明病情，也能为恢复提出参照标准。正骨诀云："详问证，细探摸。"

探法为检查手法之首，夹挤、绕折、顺逆、离合为探法之要，用之可查明骨折折口的情况，摸清折后的变化，找准错位的道口，进而探明整复的回路，探知骨折错位的力和稳定的力，找到能使骨折相对稳定的部位和方向，为复位后的夹缚固定提供变化依据，同时可探明骨折与相邻上下关节的关系，为相应的整复固定提供参考。运用探法一定注意手法要精熟，分寸要合度，特别在易损及重大血管、神经部位时更要审慎，既要查悉病情，又不可加重损伤。当探明局部的病情后，还需四诊合参，然后辨证分析，根据不同的病情做不同的对症治疗。

4. 整复和固定手法

临床上，作用于同一部位、相同的暴力，在不同的人身上所表现出的症状未必一样，再加上一些客观因素或主观人为因素，更会使症情发生许多变化，例如骨病、败血症、白血病等，所以医者必须坚持认真仔细检查，详查细微，辨识真伪，通过反复的诊查明了病情，然后再进行治疗，制订相应的治疗方案，"既知其病情，复善用手法"。

传统的正骨复位，前人的一些正骨手法都见于各家医籍之中，近代尚天裕教授集众家之长总结为正骨十法：手摸心会，拔伸牵引，旋转回绕，屈伸收展，成角折顶，端挤提按，夹挤分骨，摇摆触碰，对机捏合，按摩推拿。堪为后学之指南。这里强调一点，在整复四肢骨折中运用的一些要诀，如"若要合，先须离，顺势开，逆势合"，这里所说的势是指骨折错位后所表现的畸形，顺势就是顺骨折的畸形（常与骨折远端的轴向一致），或用牵拔或用加大成角等法，以解开重叠。

古人把接骨手法精炼总结为拔伸和捵正最基本的两条。

骨体的离断，关节脱臼，使骨与关节的正常结构发生改变，以致肢体的外观形态出现不同程度的畸形，由于骨失去了正常的支撑力，随暴力所造成的加速伤或减速伤（反作用力）先使断离之骨随暴力所向发生错位，因疼痛痉挛收缩及组织血肿，张力加大，继续使断离之骨随筋肉挛收的方向而变动，使折断之骨大多出现相互重叠，关节则因脱出榫口而弹性固定于异常的位置。前人说"硬靠一分""软让一寸"，就是说像骨这类坚硬的组织，只要有一分重叠都无法压之而手复归位，要正骨就必须要首先解决重叠，然后才能使断端复位。

拔伸就是离，捵正就是合。对于本身就已分离错位的骨折，如最常见的髌骨骨折、尺骨鹰嘴骨折及一些骨端的撕脱分离骨折，因受筋肉牵拉的作用，折端不重叠反而分开，还有些部位肢体肿胀消退后，因肢体的自身重量使折端暴力分离错位，最常见的像肱骨中下段骨折，就只须用捵正之法而求合即可。

"顺势开，逆势合"则指出了拔伸和捵正的要领，在没有 X 线片提示的时候，"顺势"两字道明了拔伸的关键：顺势就是要顺着造成骨折错位的暴力方向，它是通过问询了解受伤时的情况，经过进一步的手法检查，探知骨折的错位情况后，对瞬间暴力及内在因素所发生的变化有了充分的认知，摸清暴力的方向，然后顺着畸形的方向变动手法才容易牵开重叠，完成"离"的目的，然后再用逆暴力形成的多种手法来完成"合"，将错位之骨捺正。

拔伸是"离"的最常用之法，简单地将拔伸理解为对抗牵引是不正确的。比如一个简单的尺骨下段骨折，仅做轴向牵引往往不能把重叠牵开。因直牵之力多经腕传递给桡骨，而尺骨所受的力相对就小得多，对体弱者尚可，若为筋骨强健的患者，由于其身体疼痛再加惧怕情绪使筋肉紧张，若用力不当，很难将重叠牵开，此时若做桡偏牵引再辅以挤拉，则牵开就容易许多。重叠解决了，复位就容易多了。一般来说，拔伸方向大概与骨折后远端纵轴方向相同，但临证中还需审视其变化，根据具体情况来调整。若骨折端刺穿多层软组织而发生嵌套，施拔伸同时还须合用解除嵌套的手法，拔伸方向不准，用力过轻或过重都会适得其反。此时最忌盲目牵引，务必要配合默契，找准方向，把握好力度，使折端沿路慢慢退回，逐层将嵌套于折口间的软组织清出，然后再施其他复位手法。

临床禁止不辨证情，一见有重叠就施拔伸牵引之法，因为病情不同，施用手法也须有先后主次之分。如果乱了顺序，不但无法复位，还可能给再次整复造成困难。因为造成骨折的暴力常常是由多种形式的力所构成，既有轴向的，亦有横向的、旋转的，各种复合的力肯定存在先后主次不同，若不明这种变化顺序，不分先后主次去整复，就违反了逆暴力整复的原理，可能会造成回复的道口混乱，接诊的医生无法忖度，使有些本可一次整复的骨折（如尺桡骨远端骨折）变得大费周折。

拔伸时力大小也要因证而用。例如小儿的桡骨远骨骺端伸直型骨折，X 线上多见背侧有小骨片向上端错位，整复这种骨折，拔伸牵引力过大会使腕部的筋绷紧而将骨片卡压住不动，反而不能复位。

《手法总论》说："法之所施，使患者不知其苦，方称为手法也。"在没有麻醉的条件下，用准确轻快的手法，使骨折在极短的时间复位确实可大大减少患者的痛苦。由于肌肉的收缩力未被麻痹，在复位时通过肌肉的收缩可增加折端的稳定，有利于小夹板固定后挪动体位时不发生再移位。

手法复位是逆暴力的过程，但最忌使用不明机制的暴力和拙力。手法如施之不当，则骨折不能由原路在极短的时间内回复，有时即使将骨复位，也会给周围的软组织造成不必要的伤害，轻则影响恢复（如肱骨髁上骨折反复用不当的手法整复，常会给肘关节伸屈功能的恢复带来困难），重则还会造成严重后果。所以《手法总论》说："手法亦不可乱施""设手法再误则万难挽回，此所以尤当审慎者也。"按照传统中医辨证，有些骨折并不一定要行手法复位，但现在的有些医生只要一看到 X 线片显示有骨折并有一定的错位，首先想到的就是要复位，有些甚至要求用手术复位，殊不知有些强行复位治疗的结果未必比传统的辨证治疗、直接固定的最终效果好。例如老年股骨颈部稳定的嵌插骨折，只要骨位不再错动，按传统的理论归为骨伤，则不需施以手法，直接用药，固定治疗，最后效果也是很好的，这样既避免了手术风险，也减少了患者的经济负担；又如老年肱骨外科颈部的粉碎骨折，折片塌陷错位，肱骨头变形，通过手法几乎不可能将肱骨头恢复原状，但如果不追求整复，按传统方法治疗，反而比手术内固定或置换肱骨头的效果都要好得多。

（二）小夹板固定治疗骨折

小夹板夹缚固定可说是传统中医骨伤的特色。《医宗金鉴·正骨心法要旨·器具总论》云："跌仆损伤，虽用手法调治，恐未尽得其宜，以致有治如未治之苦，则未可云医理之周详也。爰因身体上下正侧之象，制器以正之，用辅手法之所不逮，以冀分者复合，欹者复正，高者就其平，陷者升其位，则危证可转于安，重伤可就于轻。再施以药饵之功，更示以调养之善，则正骨之道全矣。"说明了夹缚固定的重要。

1. 小夹板固定的必要性

对骨折的治疗，手法复位固然重要，但相对而言，手法整复的时间过程短，而要维持复位的结果，直至骨折端稳定愈合，所需夹缚固定的时间则长得多。

骨折虽经手法复位，但在骨折未完全愈合前，错位的力仍然存在，特别是不稳定骨折，随时都可因肢体消肿、夹缚松动、筋骨牵拉，或肢体不当活动等而重新错位，即或稳定骨折，有时也可因不合理的夹缚、不当的活动或负重而使原本稳定的骨折发展为不稳定，错位变形。门诊中常见的少年儿童前臂下 1/3 部骨折，有些受伤时仅是无移位或错位不大的骨折，经整复达到解剖复位，但由于忽略了固定的重要性，对骨折的再错位（主要是成角变形）预见不足，过早解除了固定或夹缚不当，使得原本稳定的骨折最终出现畸形而留下遗憾。

从最后的功能恢复来评定，传统正骨简便易行无创伤，无手术风险，花费少，收效快，痛苦少，可减轻患者的经济负担，使患者以最少的开支取得最佳的疗效，可以说具有无可比拟的优势。要保证这种传统疗法的优势，要使非解剖复位（很多骨折，非解剖复位相对比解剖复位稳定性差，特别是完全重叠错位的骨折）、不稳定的骨折顺利愈合从而达到功能形态恢复的预期效果，夹缚固定的重要性是不言而喻的。夹缚固定是否得宜、固定得好与否，直接关系到伤肢能否完全恢复正常的外形，关系到骨折愈合的快慢，治疗康复期的长与短，以及肢体的活动功能是否完全恢复。

对有些损伤，小夹板固定直接可以起到正骨的作用。通过手法整复有时骨折无法完全到位，但经小夹板的固定，利用布带捆扎对夹板的约束力，和内置应力垫对折端的效应力，再配合肢体肌肉收缩的内在动力，可以使部分未完全到位的、侧向移位或成角移位逐渐得以矫正。例如少年儿童的四肢青枝骨折，由于外伤暴力刚好超过骨的变形点，但未达到折断点，所以在 X 线片上只能看到骨成角弯曲而看不到明显的折线，若用手法整复，有时反而出现折线，但是如通过应力垫三点加压，夹缚小夹板，则可逐渐顺利将其矫正复原，减少很多麻烦。

对于出现畸形但未完全硬化定型的陈旧骨折，通过小夹板压垫直接予以矫正并配合有针对性的练功方法，可以逐渐使变形改善，恢复骨的承力轴线要求，从而满足在外观形态上看不出明显畸形的要求。即使有些已完全硬化的畸形，通过人为的再折，再施以夹缚，也可使畸形得到改善。

伤肢早期针对症状进行必要的功能练习和中后期逐渐合理的负重，是促进骨折尽早愈合的积极因素，但伤肢的活动又可能导致折端再错位变形，如何既能使患者早期活动，又不致患肢因活动而变形，合理运用小夹板就是中医正骨解决这一矛盾的关键。

据现代医学研究，在合理的夹板固定下，正确进行功能锻炼时其肌肉内在动力调动了夹板的弹性形变能力，维持了折端轴向对线和横向对位，保持了无应力替代的骨折断端生理性应力刺激，早期微动压应力有利于刺激骨痂生长，为之后重塑复合应力阶段提供良好的力学环境。

综上所述不难看出，夹缚固定在正骨中的重要地位。我院在 20 世纪 90 年代前没有开展手术内固定治疗，对所有的骨折，包括多发、多段严重的开放骨折，已感染化脓的骨折都会用小夹板固定治疗，当时因缺少牵引床，也没有床头简易的牵引器，连牵引很少用，几乎将小夹板治疗骨折发挥到极致，有许多优势。如：泸定一女性患者被拖拉机将左手肱骨中段碾轧成开放粉碎性骨折，当时创口从肩下 10cm 处直达肘关节髁上宽约 10cm，组织破碎，骨片碎成若干，零乱无序，部分已脱出体外，尤为甚者，大部分组织被公路上的沥青石渣污染，难以清洗，所幸肢端血供正常，当时几处就诊，几乎束手无策，多有建议截肢者，后经我院中医治疗，用中药小夹板固定而获痊愈，很多病例若非亲见，几乎不能相信。

历来中医伤科专著就比较少，而家传师授者都比较保守，很多绝技秘方都不会轻易示人或总结成书，经验交流就更说不上了。中华人民共和国成立以后，中医骨科得到了稳定的发展，对传统经验进行了发掘整理。20 世纪 50 年代后期，对国内影响较大的各家均相继整理出版了专著，这些著述大多结合现代医学的理念介绍各家正骨经验，但对于如何运用小夹板对各部骨折进行固定则叙述得比较概括，而直接用小夹板夹缚治疗较严重的开放骨折的内容极少。后学者若无明师指导实难得到精要，即使有些人学了一部分固定方法，但若未经大量的临床实践历练，亦难登堂入室，随着上一辈经验丰富的正骨医生渐渐老去，面对发展很快的现代医学和新的医疗社会环境，后学者实践不多，使小夹板的运用范围越来越小，更不能总结经验；再者从经济效益上来讲，同一骨折用传统方法治疗与手术内固定治疗的费用相差有时达几十倍，诸多因素影响，使相当一部分中医丢弃中医特长，以切开复位内固定为能事，传统方法则渐渐失传。我院较完整地保存了很多古老传统的中医正骨治法，不管是手法运用，还是夹缚固定，勘称独具特色。

2. 小夹板固定的原则

肢体各处的骨折症状虽然不同，夹缚固定的形式也不一样，但固定原则是相同的，即是"以动制动，以力抗力"。

"以动制动"是相对于绝对静止之动，是中医强调的动静结合之动，它既有小夹板固定后骨折端局部的微动（因为小夹板固定不可能达到钢板螺钉固定的绝对静止，固定后微动是必然的，但在很好的外固定夹缚的控制下它又有效地保持了相对于错位变动的静），也有有目的的上下关节的动和必需的功能锻炼之动。

"以力抗力"，其力是以夹板固定约束之力应对骨折已错位之力，亦如正骨手法之力是逆损伤暴力过程的力，所以医者必须充分了解导致肢体骨折的暴力形式和造成肢体错位变形的外作用力，因为损伤而发生机体内在变化的力（内在的筋与筋之间与骨的正常平衡因伤而失调），以及经正骨复位后在固定阶段而可能发生的再移位因素，这不仅要看骨折局部的变化、骨与筋的关系，还要知道该骨折与上下关节的关系，充分了解肢体在静止和运动等不同情况下的承力方式，张应力、压应力的应力变化关系，以及该部的活动特点、功能要求等。

譬如，下肢损伤中最多见的踝部骨折，其多发就是由于踝部自身的生理结构和人的运动方式所致，在临床上不同的外在暴力（跌仆、崴拧所致外翻，外旋内旋、高处塌落冲撞等垂直冲击力及直接打击暴力等）会造成不同类型的骨折损伤，外在暴力的大小不同，关节内不同的筋的牵拉，不仅会使已折之骨发生不同的错位，还会引起关节周围筋肉不同程度的撕裂损伤，这些损伤变化直接关系到踝关节整复后的稳定。所以临床必须详细询问致伤原因及受伤时的姿势，仔细用手法检查，然后结合 X 线片了解折线的走向和骨折的错位方向，了解关节结构的变化和距骨移位的情况、下胫腓联合的损伤程度等，综合进行辨证分析后再予正骨复位。然后依据筋骨的损伤程度、骨折的内在变化来制订有效的对症固定方法，使经复位后的不稳定因素得到有效控制。好的外固定夹缚，既能达到保持复位后的骨折对位，又不会对周围的软组织造成压伤，保持正常的血运使经脉畅达。

在固定恢复治疗的过程中，又要根据伤情顺逆的发展变化，把握时机解决好固定与关节活动和功能练习的矛盾关系（活动过早或影响骨折的愈合，活动过迟筋又易僵硬而使病程加长），随机调整固定方法。一般踝部骨折经整复固定 3 周后即可择机去除托板，逐渐进行背伸跖屈活动，以及由轻而重的逐渐静止站立加压，4 周后即可进入行走过程。门诊上常可见因固定时间过长，骨折早已愈合，因不进行功能锻炼而致软组织机化僵硬，以至病程迁延日久而迟迟不能痊愈，此当戒之。

3. 夹板器材

《医宗金鉴·正骨心法要诀·器具总论》云："因身体上下、正侧之象，制器以正之，用辅手法之所不逮。"指出固定器要根据肢体的形态和正骨固定的目的来制作。《器具总论》还说："杉篱者，复逼之器也。量患处之长短阔狭、曲直凸凹之形，以杉木为之。酌其根数，记清次序，不得紊乱。"又说："又有竹篾大片，再以纸包，或用三片、四片，看患处之宽狭长短，定为法则。"这些都是要求夹板的选用制作一定要与骨折的类型相吻合，万不可草率将就。我院夹缚四肢骨折常用四层夹板，由内而外依次是内垫、抱壳、夹板、托板。

（1）内垫：相当于应力垫，不但要有增加压应力的作用，还要有调节压力分布的作用。常用的有长垫、短垫、平垫、高低垫、梯形垫、塔形垫、分骨垫、抱骨垫、合骨垫、空心垫、异形垫等。各类压垫各有不同的用法，其厚薄、大小变化则应根据不同的病情和固定需要，随病情的发展变化而依形取势，灵活选用。不管是闭合性骨折还是开放性骨折，经整复后都要先外敷对症的中药，然后将应力垫准确安放好，有必要时还可将应力垫涂上药，直接放置后再安抱壳。

（2）抱壳：用斑竹壳、硬纸板或毛楞纸板均可，因病、因时就地取材，随症剪制，利用其可随肢而取形、依病情而取势的好处，类似石膏夹板的随体塑形，但它比石膏夹板轻（几乎没有多少分量，而且可随时调形，且透气吸汗，易于随时检查换药，虽然硬度不如石膏，但结合小夹板用时，既弥补了强度不如石膏夹板的不足，又利用了抱壳的弹性衬垫作用，使竹木板不易压伤软组织，而是通过整体随形的抱壳使夹缚之力均匀分布，并通过对症放置的应力内垫来调整力的大小取向，从而形成合力，使小夹板夹缚既具有管型石膏的作用，又有仅用小夹板固定所不具备的优势。有些部位的骨折，使用抱壳就可以直接满足固定的要求，如肱骨外科颈骨折用内垫、抱壳、腋托板就足以固定了。所选的材料软硬厚薄要对症、适中，在剪制取形时，大小、长短、宽窄一定要对症合形，不能使其与小夹板的作用相得益彰，起到很好的固定效果，所以正骨要诀说："宽与窄，要妥帖，长短适，分寸合，因伤异，随形作。"要求不管内垫、抱壳、夹板、托板都要因形制器，对症而用。

（3）夹板：抱壳之外置小夹板，以前全用老杉皮削制，选材十分讲究，要五六十年树龄以上的老家杉皮，这种杉木皮平面略成弧形，与肢体的表面曲度十分吻合，老家杉木栓层约 1cm 厚，质地坚韧，强劲不易变形，再加外面 1cm 的表皮层，极具弹性，是制作小夹板的绝佳材料，但老家杉皮好料难觅，现在的夹板多用竹片或木板制作，材料充足，可以批量生产，也不失为一种就地取材的夹缚好用具。

竹小夹板一般制成 3cm 左右一块，临床使用时根据需要截取长短，多用于小腿、上臂等处骨折。木夹板多用柳木三层或五层胶合板做成，多用于前臂、大腿骨折。不论竹夹板、木夹板，根据特殊部位和用途，有时还要经过塑形后方可使用，有时须即时根据病情削制；同一部位，因病情不同，夹板的选用和放置的位置也不一样。夹板一般随绷带的缠绕逐次安放妥当后再绑扎带，扎带用三道，捆绑扎带的先后顺序也要根据病情而变化，不同的病情有不一样的绑法。

扎带绑的松紧也十分重要，过紧影响血氧运行，轻则肿胀不退，重则还会造成严重后果（门诊上不时可看到从偏远牧区来的藏民患者，骨折不重，但因捆绑太紧而造成肢端坏死以致截肢）。捆扎过松又达不到效果，经验丰富的医生根据不同病情捆绑的夹板，固定作用好，患者痛苦少，度的把握，往往都需要长期在临床实践运用中慢慢练就。

另外如绷带的不同绑法可产生不同的作用力，骨折端的分合旋转都可以通过绷带的缠线来辅助调节。纱织"裹脚"是最理想的固定成人股骨的材料，布"裹腿"则用来绑手最好。踝部骨折由于绷带不同的绕法可产生内翻、外翻及内外旋转等不同的力。若须外翻固定的患者缠绕成内翻的绑法，其后果可想而知了；而髌骨骨折应当用合力的绑法，若用反了就会使骨折的分离更严重。诸如此类每一个细小的环节都是事关成败好坏的不可忽视的因素。

（4）托板：绑好小夹板后很多骨折还需要上托板或附板来增加固定的作用。如前臂双骨折用的不倒板、踝部腿部的托板、髌部的外展附板等都属于托板作用的夹板。用托板有延伸力臂、调节伸屈、控制内外翻转、改变外展内翻角度的等作用。

如小腿上段不稳定骨折，按病情和固定要求用不同角度的弯托板或直托板做膝关节固定，而中、下段骨折则按要求对踝关节行背伸、跖屈或内翻、外翻、内旋、外旋的固定要求来制作，若多段骨折时还须用超膝超踝托板。如前臂双骨折用托板，可将前臂固定在中立位上，对保持复位后的折端稳定起到了很大的作用。

托板常用木板或塑料板等按不同的病情需要做成，不管是弯托、直托还是活节托板必须要对症。托板大多有超关节固定的作用，所以上托板的时间绝对不能过长，不论骨折还是严重的筋伤，只要一稳定就不宜用托板，以免影响关节活动功能练习。

4. 其他注意要点

（1）体位调整：骨折经夹缚完毕后肢体放置的体位也十分重要，有时通过体位的调整还能起到关键的作用。曾有一产程伤导致股骨上段骨折的患婴，就是运用固定体位作用的最具代表性的例子。

患婴 2006 年 10 月 29 日在剖宫产手术过程中不慎致右股骨上 1/3 处骨折，当时县医院的同志多次复位、固定都未成功，后到我院求助。11 月 3 日在我院经手法复位、小夹板夹缚，然后将患婴置于特殊的体位下固定治疗 1 个月。12 月 3 日去除固定，结束治疗，患肢功能形态完全恢复正常，最终满意痊愈。2007 年 3 月 13 日于雅安市医院鉴定复查摄片，骨折对位对线良好。

众所周知，婴儿根本无法与医生合作，因为疼痛活动，骨折近端因牵拉始终呈屈曲外旋移位，远折端则向后、向上、向内，两折端几乎成 90°错位重叠。加之婴儿皮肤娇嫩，肢体短小，几无着力点可寻，其大小便无规律，给复位和固定带来很大的难度。这类产程伤造成的肱骨、股骨骨折的不少，治疗上确实有一定的难度，易产生不必要的纠纷。

（2）换药：复查换药时也要十分注意，万不可在解除固定复查换药的过程中干扰已进入愈合进程中的折端稳定。骨折在血肿消退后到骨还未基本连接的阶段是骨折最不稳定的状态（一般在伤后 2～3 周的时间）。特别是完全失去支撑力的粉碎性多段长斜形骨折，稍一不慎就容易发生再错位。所以根据不同的病情在换药复查时，对患者的姿势、患肢搁置的体位都有不同的要求，特别要求患者与助手很好配合，才不至于因复查换药时发生折端错动而影响治疗。

（3）功能练习：中医讲求动静结合，骨折从开始固定治疗直到痊愈，都要求患者配合进行各种分期对症的功能练习，特别是涉及关节活动部位的骨折尤为重要，把握好时机正确指导患者活动，可以使经脉畅达，加快去瘀生新，促进骨折尽快愈合。门诊最常见的桡骨远端骨折就是最明显的例子，有些老中年患者因失于正确运动时的功能练习，以至于肿胀迟迟不能消退，指腕关节不能伸屈，并延及肩肘关节活动受限，日久而出现骨痿。所以在复位固定后的第 1 周就要求患者练习手指的伸屈活动，在不用大力的前提下尽量伸屈到位；1 周后就要做肘关节的伸屈和肩关节的抬举活动，但必须控制前臂的旋转活动，以免影响固定；4 周后视复合情况后再进行腕关节的伸屈旋转功能练习。这些都是针对不同的症状经常要求患者进行练习的功法。

不同部位和不同类型的骨折各有不同的相应练习功法。按骨折治疗进程的不同阶段，根据具体的病情有选择地指导患者进行对症功法的练习，同时调整小夹板的固定，以保证既要控制不宜的活动以维持骨折的稳定，又要利用必要的有目的的肢体运动在夹板作用的配合下对部分的成角变形进行矫正。所以在进行功法练习时首先要尽量给患者讲明活动的意义和重要性，以及所练功法的要领，以取得患者的理解，克服怕痛畏难的心理，充分发挥患者自身的主观能动性，积极配合，以达到骨折和功能的尽快同时恢复。

（三）点穴按摩

点穴按摩，是以点压穴位为主来治疗伤病，它是诸多按摩手法中的一种。其中由于各家侧重不同，所以在应用上又各有千秋，我院所传承的伤科医技中，运用点穴按摩治疗软组织损伤，常可达到手到病除、立竿见影的效果。

点穴是以术者之拇指、示指、中指、肘尖、膝尖点取局部的穴位或相应的经穴，根据不同的病（伤）情运用各种不同的力，施以点、按、推、揉等手法，并配合旋转屈伸、升降开合、呼吸吐纳，从而达到舒通经络、散结解凝、活血定痛的目的。

1. 常用点穴按摩手法

点穴按摩常用的手法主要有点、按、揉、推、扣、击、振、拨等法。其取穴大多与针灸穴位相同，亦有传统伤科专用之穴位，在临床中常见各类伤病都有一定的压痛点和敏感点，这些部位常是伤病的症结所在，或与其经脉相通而联系的部位。所以根据不同的伤情，常以痛为腧，或邻近取穴、循经取穴等，临证具体操作运用举例如下。

（1）点按法：施术时，术者须先全神贯注，气息调匀，然后以意领气，发于丹田，再由胸出，以气发力，从肩而肘至手，力贯三节发出，须沉肩坠肘，指实掌虚，方能力贯指尖。

　　点按法是以术者的拇指、中指的指腹尖，或用示指中节（微握拳而示指中节突出名"凤眼捶"，若中指中节同时突出名"双凤眼"）按压所取的穴位。施法时术指伸直，余指微屈，掌要虚，指要沉，方能由浅而逐达于深部，力要绵长持续，由轻到重按压两三分钟后，再由重而轻慢、放松。术者自觉如有气从指出，由浅而深，渐次传入深层组织，犹如针灸之"得气"时效果最佳。点按有轻重之分，依病之所需，轻只须到筋经皮部，重则达深部经脉气血循行之处。通过点压可以宣通气血、开塞导闭、舒筋活络，激发经络功能，起到镇定止痛的作用，据病情可单手点按，也可双手同时点按，如以手拇指配合四指两手同时对脊柱两侧平行点按，名"二龙戏珠"法；或用单手"双凤眼捶"点按脊两侧，可解除寒凝气滞，对于损伤日久的腰背疼痛，有舒筋活络、祛寒止痛的作用，正如《医宗金鉴》所云："按其经络，以通郁闭之气。"

　　点按法，如指针疗法，所取按的穴位经近代解剖学证实，多是重要的血管、神经走行部位，于该处按压可暂时阻断血液循环和神经传导，起到与神经阻滞麻醉相类似的效果。放松按压时血液可骤然灌注，以改善肢体的血液循环。按压交感神经节（如缺盆穴）可使同侧肢体血管舒张，皮肤温度升高。现代医学证实，在特定穴位施按压手法后，还可抑制血小板致密体、释放止痛的物质（5-羟色胺）而起到镇痛作用。施手法后测定脑电图 β 波减少，α 波增幅改善，证实手法对大脑皮质有明显的镇静作用。有学者测定，经施手法后患者血清中内啡肽含量明显增高，儿茶酚胺含量显著下降，而此类物质均与镇痛作用密切相关。所以在临床中，只要对症应用得当，常使患者有豁然祛病的感觉。

　　施点按法时，患者取坐卧位均可，但要便于术者操作，受术者能放松配合伸屈旋转为要。对于肢体强壮、筋肉丰厚处，指力不足时可用肘尖或膝尖点按。

　　（2）点揉法：准备要领如点按法，术者以拇指或以示指、中指并叠，用指腹压于所取穴位上，做圆形或螺旋形的揉按。指不离穴，做穴位点揉或循经筋（络）走向连点。力要绵长如抽丝，重而不死，轻而不浮，轻重徐疾，因人因病而施。

　　其法可散瘀解痉，有温经络、祛寒凝、通气滞、舒筋解痛的作用，配合点穴诸法应用时常施于各法之先，可使患者放松肌肉，便于配合按摩。此法尚可用在整复骨折脱位手法之前以松解筋肉，便于正骨复位。

（3）点拨法：施术要领如前，术者以指尖点按于穴位上，指不离穴做拨动，指力要沉稳，直达深部，力之轻重、拨动幅度之大小、频率之快慢根据病情和患者的耐受程度而施，必要时可循经做"之"字形点拨。此法适用于血肿机化凝滞所致的筋络僵滞，肉硬筋结，该法可软坚化结，分筋顺络，活血解凝，对于伤久瘀血不散，凝结于筋穴者，局部可触及软组织内有硬结或索条状病变者，最宜此法。如临床常见的小腿部软组织受伤，血肿机化僵硬，致踝关节不能背伸，站立式足跟不能落地者，点拨"承山穴"后再辅以点揉展筋之法即可收到立竿见影的效果。

（4）点推法：施法要领如前，术者以指腹点按所取之穴，指不离穴，上下推动，常以循经取穴作串点。根据不同的病情，可由远端取穴，循筋点推向近端，或由近端选穴，循筋点推向远端。由远而近时向上推力重，向下推力轻；由近而远时向下推力重，向上推力轻。用力须如波涌，连绵不断，轻重起伏，循经（筋）而行。

此法适于伤久气机不畅，血瘀气滞，筋肉肿胀僵硬，弛张受限，关节伸屈不利者，施之有调气机、通血脉、活经络的作用，再配合旋转屈伸，具有明显改善循环的效果。最常见的老年人桡骨远端骨折，如早期失于活动而造成循环不良，手部肿胀，软组织机化，关节伸屈受限，用点推法从指端向手背侧诸节点推，再从"八关穴"（八邪关）循指缝、顺筋由远而近点推，并促其自己伸屈活动诸指关节，要求必须伸屈到位，如是乃可加快肿胀消退，尽快使手指功能活动恢复，必要时还可由"十宣穴"由下而上，经"四缝"会于"劳宫"再至"内关"点推。对于踝部扭伤后期，因过分强调固定，失于正常的功能活动而导致踝关节前后及足背筋肉僵硬，踝关节背伸、跖屈不能到位，行走即疼痛之患者，用此法从"八冲穴"（八风）起，循趾缝由远而近，再由近而远点推，并尽量牵拉诸趾及踝关节背伸、跖屈。术毕患者即疼痛大减，症状有应手改善的效果。

（5）点击法：施术要领如前，术者示指、中指伸直并拢，余指微屈，拇指尖轻压无名指末节，背侧手腕要直，方可使内力直贯指尖。以中指尖点击所取之穴，取穴要准，出手要快，进退要疾，指力或有节奏，或有力而均匀，快慢轻重视病而论。此法为重手法，体弱及老幼患者不宜，一般多施于筋肉丰隆处，可使经穴、筋肉振动，具有振奋经穴、醒神、通络、解痉定痛的作用，临床上常用于肌肉疲劳及酸胀麻木等症。根据病情，有时亦可用轻手法点击，其法是以示指、中指微屈，腕关节放松（便于手指灵活起落），用中指尖如"鸡啄"样有节奏点击所取的经穴。

该手法多配合其他手法应用，如按摩配合点击"涌泉穴"治宿伤头痛等症。

（6）点振法：基本要领如前，手势一如点击法，只是手不离穴，以肘为轴，以意导气，以气发力，利用前臂振动起落，发出震颤作用于所取的经穴，用力大小、轻重视病而论。用该法可震荡经穴，舒筋通络，起到行气活血的作用。

以上诸法为点穴按摩之梗概，运用于临床时关键是辨证施治，施法对症得当则其效如神，其应如音。正如《内经》所说："按法者多，其中有不可按者，按则增病；有可按者，按则疗病。"所谓伤有轻重，手法各有所宜，根据不同的病情施以不同的手法是对术者最基本的要求，亦是取得良好效果的前提。

根据病情可单施一种手法，也可几种手法协同使用，点按穴位、经络是主法，而按病情尚须配合升降吐纳、旋转屈伸，或辅以推扳摇晃等法。如术者一手点穴，而用另一手摇晃推扳患者肢体，或边点穴边嘱患者自己配合伸屈旋转、升降起落，每个动作又须与呼吸吐纳相配，方能起到事半功倍的效果，用这种方法治疗门诊最常见的腰部扭伤、落枕等病，常能取得很好的效果。

2. 点穴按摩治疗疾患

（1）腰扭伤：腰为人之中轴，身体的各种活动几乎都与腰相关，因此需要腰的结构既要坚固稳定，又得灵活自如。腰椎体和椎体间的关节突构成关节，关节之间有椎间盘和椎骨间的韧带相连（如椎弓间的黄韧带，棘突间的棘间韧带），以及关节的关节囊和强韧的前纵韧带、后纵韧带、棘上韧带与腰部周围的肌肉等，使得人体既能伸屈转动自如，又能左右偏侧，既坚固结实，又能灵活运动。人在日常劳动、体育运动及生产生活中，活动最多、受力最大的部位莫过于腰，正因如此，其受损的机会就多，扭伤是其中最常见的一种损伤。腰扭伤最易发生在腰骶部，即第 5 腰椎与第 1 骶椎间，其原因是该处为活动关节与不动关节（骶骨与骨盆结构成一体，活动度极少）的交界处，是转动和伸屈最受力的部位，而骶骨上关节面呈向前约45°的倾斜，使第 5 腰椎长期存在向前滑动的趋势，再加该部位的韧带恰是整个脊椎（柱）最薄弱的部位，随着人年龄的增长，活动日久，关节椎间盘磨损退变、肌肉劳损，使关节稳定功能受到削弱，韧带力量不强，肌力不足，稍一不慎，特别是在运用腰部而注意力分散时，就容易发生扭伤。该病常发生在弯腰取物或不经意的旋体或侧身举重物时，伤后腰不能伸屈俯仰，起坐下蹲受限。严重者，站立则身体偏侧，转侧受掣，腰不能弯，腿不能抬举，自己穿鞋袜都困难，甚者疼痛难忍，卧床不起，身体辗转反侧不得。

引起急性腰扭伤除了前面提及的内在因素外，还可因久不运动，肌力不协调而失去相对平衡引起腰一侧的筋拉伤，致使椎间小关节的正常关系发生轻微改变而引起疼痛，使关节的正常活动受限。正如《伤科补要》所述："若骨缝叠出，俯仰不能疼痛难忍，卧坐不安，腰筋僵硬。"该病为筋伤气滞，所以俗称闪腰、拧筋、捵气者。由于疼痛更引起腰部肌肉痉挛，进一步加重其下腰部筋肉僵硬，常于第4、5腰椎间之"阳关穴"处或腰椎旁"气海穴""大肠俞""关元俞"处找到明显的压痛点，有时尚可在距"大肠俞""关元俞"外侧一寸五分处摸到硬结状或索条状的筋结。这些穴位和压痛点也正是在用点穴按摩法治疗腰部扭伤时，施法的重点部位。

按摩时一般取坐位：患者坐于高约一尺五寸的凳上，嘱其尽量放松，术者于后先用点揉法，从"脊中穴"顺脊而下点，然后从"脊中穴"两侧顺筋从上而下点揉一两遍，通过点揉使患者放松，并在点揉时寻找压痛点。压痛最明显的部位，一般都在腰脊正中或偏于一侧。找准压痛点后，用"点按法"重点该穴，并根据病情配点"肾俞""命门""秩边"等穴。

点按主穴时，以一手拇指点按，以另一手扳髂骨沿（髂骨上棘处），向后与拇指点按之力相对应，形成对扳之力，先点按一两遍后可一边点按，一边嘱患者配合，缓慢伸屈腰部，并要求尽量放松，伸屈到极限，待患者能伸屈自如后，再用"点推法"顺筋点推一两遍。如有"筋结"，则用"点拨法"先点拨，后再施点按，术毕再嘱患者自主活动腰部，尽量放松后伸，术者同时用手掌或用膝顶托住患者第5腰椎处，让其在尽量后伸的体位下镇定　两分钟，使筋得以尽量舒展，让患者在点穴按摩和自主活动中调整关节的平衡，从而获得良好的效果。

临床上有些患者不能起坐，则可取卧位点按。卧位点按也适合部分惧痛紧张、筋挛僵硬，一时不能自主放松的患者，患者不放松，术者既费力，效果又差。卧位点穴时，先取俯卧位点按，然后取仰卧位，在第4、5腰椎处置一厚垫（或用牵引床），将腰过伸，然后尽量让患者自主伸腿、屈髋、弯腰、抬肩、抱膝活动，抬肩、抱膝、屈髋时深吸气，然后呼气放松，伸髋伸膝伸腰。如是活动几分钟，直至疼痛减退后再慢"起床"，亦可先取仰卧位，用上法先让患者慢慢自主活动，放松后再点穴，临证施法以病情变化和施术时不增加患者的痛苦为要。

（2）失枕：对于腰扭伤的治疗，主要是用点穴配合推扳伸屈来治疗，而治疗"失枕"则以点穴配合旋转吐纳来治疗。

"失枕"又称"落枕"，《诸病源侯论》说："头项有风，在于筋脉间，因卧而气血虚者，值风发动，故失枕。"临床常见患者，由于坐卧姿势不良，当风受寒凉，以至寒凝气滞，或因过度疲劳再受凉寒，致筋肉僵持而发颈痛，还有部分患者因不经意突然扭转颈部，而致筋肉扭伤，引起颈部疼痛、强直，不能旋转俯仰。症状较重者，疼痛向上牵掣颈枕部，向下涉及背膀，颈偏于一侧，以手托住头颈部活动不得，一般诊断都比较容易。该病虽为小恙，但患者疼痛难忍，重则影响日常生活与工作，若治不得法，往难以及时见效，有的还因治疗不当而加重症状。常用的端颈按摩手法对部分能配合放松的患者有效，但对惧痛而不能放松配合的患者施之则效果不好，而且有一定的风险。而采用点穴配合旋转吐纳来治疗，则适合各种类型的患者，手法既安全，而且有立竿见影的效果。

先用点揉手法，从患者痛侧风池穴起，循颈部斜方肌由上而下轻点揉至肩外俞处，使其逐渐放松，点揉一两遍后，用点按法点按肩井穴，或点稍前侧的项根，点按手法的轻重以患者能承受为度，但指力须直达深部，使其能有酸胀感（一如针灸时之得气感）为要。点按时嘱患者配合吐纳，并左右旋颈。患者在向一侧外旋时，用鼻徐徐深吸气，旋转时不要用力，但必须配合吸气旋到最极限。然后再徐徐呼气，旋回正中，然后再如前向另一侧旋转。患者吸气外旋时，术者点穴之手重按，当旋回正中吐气时，术者随之由重渐轻放松按压（但指不离穴），一般左右旋转吐纳点按两三分钟后，症状即可大减，然后用点推手法，从上而下循筋点推一两遍即可，在施旋点揉手法时，如触及筋结硬块，可用点拨法分筋拨络，重症患者，可配点风池、大椎，牵连背痛者，配点按灵台、天宗等穴，并于另一侧颈部按上法施治一两遍，以增强效果，然后嘱患者不时自主边吐纳，边尽力旋转到位。多数患者点按一次即可痊愈，部分患者可根据症状，配合舒筋活络的熏洗药热敷熨烫以巩固疗效，或辅以行气活血、止痛解痉之药物以增其效果，亦可配合其他按摩手法施治，使其起到相得益彰的作用。

3. 点穴按摩

（1）辨证与练功：点穴按摩，是常用于临床治疗伤病的有效方法，其能治疗的伤病不胜枚举，它作为一种治疗手段，毕竟有一定的适应证和一定的局限性，所以临床上必须仔细辨证。有些疾病引起的疼痛，如肿瘤结核、出血性损伤、感染性疾病等，一般均不宜应用。了解点穴按摩的作用机制及运用方法后，临证时正确诊断是前提，施治手法的选择和运用、选穴之主次是关键。施之要有常法，也要能变化、辨证论治、圆机活法方能得心应手、出神入化。

同是一种手法，施术者的自身功力不同，所取得的效果都不一样。但凡练过功者，力起于丹田，气贯三节，劲可直达指尖，收发有度，开合自如，刚柔相济变化多端，所以作为一个伤科医生，必须练功，通过练功使内力和指力达到一定的境界，在运用于正骨复位点穴按摩时，才能取得很好的效果。传统的练功方法有很多，如洗髓易筋经、八段锦及拳术的基本桩功、内功等，都是很好的练功方法，只要持之以恒的练习，都能使术者的内劲和指力功夫得到提高，这样施治时才能力达病所运用自如。

（2）常用穴位：包括体表定位，该部位分布的肌肉、血管神经等，功能、主治等。

风池：乳突后方，项肌隆起外侧缘，与耳垂相平处，在胸锁乳突肌和斜方肌上端之间的凹陷中，深层为头肌，浅层有枕动、静脉分支及枕小神经。功能祛风解表，疏邪清热，明眼目，利机关。主治项强痛、腰背痛等。

肩井：在第 7 颈椎棘突和肩峰端连线中点，在三角肌后缘有斜方肌，深层为肩胛提肌与冈上肌，有颈横动、静脉分支或属支分布，有腋神经分支，深层上方为桡神经。主治眩晕、头项强、肩背手臂痛、臂不能举、脑卒中后遗症、颈部诸肌痉挛、脑充血等。

肩外俞：在第 1 胸椎棘突下（陶道穴）旁开 3 寸，肩胛骨之内上方，表层为斜方肌，深层为肩胛提肌和小菱形肌，有颈横动、静脉分布，有胸神经后支内侧支、肩胛背神经和副神经。主治肩背痛颈项强急等。

脊中：第 11、12 胸椎棘突间。有腰背筋膜、棘上韧带及棘间韧带，有第 11 肋间动脉背侧支，棘皮下静脉丛，第 11 肋间神经后支之内侧支。主治腰脊强，不能俯仰。

命门：第2、第3腰椎棘突间，约平带脉，肌肉同脊中，有腰动脉后支，棘突间皮下静脉丛，布有腰神经后支内侧支，舒筋和血疏经调气，治脊强，腰腹相引痛等。

腰阳关：第4、5腰椎棘突间，约平髂嵴，有腰背筋膜、棘上韧带、棘间韧带，分布腰动脉后支棘突间皮下静脉丛，有腰神经后支内侧支，治下腹胀满，腰痛，膝痛，下肢麻木不仁等。

肾俞：在第2、3腰椎棘突之间水平。命门穴两旁各一寸五分处，有背腰筋膜，最长肌和髂肋肌之间。有第2腰动静脉背侧支的内侧支，布有第1腰神经的后支外侧皮支，深层为第1腰神经后支外侧皮支上位2~3个胸神经后支外侧皮支。辅肾脏，振气化，祛水湿，强腰脊，益水火，明目聪耳。治腰痛膝冷等。

气海俞：第3、4腰椎之间水平，脊中线两旁一寸五分，该部肌肉神经血管同肾俞，治腰痛。

大肠俞：在第4、5腰椎棘突之间水平，脊正中线外侧一寸五分肌肉同气海穴，有第4腰动静脉背侧支的内侧支。疏调二肠，理气化滞，治腰脊强痛。该处布有第三腰神经后支，故对腰神经痛，脊柱肌痉挛有较明显的效果。

关元俞：在第5骶椎骨之间水平，背正中线外侧（即阳关穴旁）一寸五分处，肌肉如气海下有骶棘肌，有腰最下动脉静脉后支的内侧支，为第5腰神经后支分布处，治腰痛。

秩边：平第3骶骨孔，距背正中线三寸，有臀大肌，在梨状肌下缘。正当臀下动静脉深层当臀下神经及股后皮神经顶点，外侧为坐骨神经。治腰骶痛，坐骨神经痛。

灵台穴：第3胸椎棘突旁靠肩胛骨内侧缘，有斜方肌、菱形肌，深层为髂肋肌，有颈横动脉降支，当第2肋间动静脉后支及外侧支，布第3胸神经后支外侧皮支，深层为肩胛背神经深层为肋间神经干。治颈项强痛，肩背拘急，肘背不仁。

八邪（八关）：在手五指缝间，左右共8穴。

四缝：在手示指、中指、环指、小指四指之中节横纹处。

八风：在足五趾缝间，左右共8穴。

涌泉穴：足掌心中央，约在足底2、3趾缝纹头端与足跟联线的前1/3与后2/3交点处。

附：中医中药治疗开放性骨折 38 例总结

笔者采用中医传统的方法，对大量的开放性骨折病例进行治疗，并取得了比较满意的效果。仅就 1985 年 7 月至 1986 年 10 月所受收住院治疗的 38 例开放性骨折病报道如下。

临床资料

未化脓感染 34 例，已化脓感染 4 例，共 38 例。

（1）性别、年龄：男 27 例，女 11 例。其中 4～16 岁 6 例，17～40 岁 24 例，40～63 岁 8 例。

（2）部位与类型：股骨开放粉碎性骨折 2 例，股骨开放性骨折 1 例；胫腓骨开放粉碎性骨折 10 例，胫腓骨开放性骨折 2 例；尺桡骨开放性骨折 4 例，尺桡骨粉碎性骨折 1 例；单侧桡骨远端开放性骨折 2 例，双侧桡骨远端粉碎性骨折 1 例；下颌开放性骨折 1 例。其他 14 例。

（3）创口大小：伤口＜ 2cm 者 11 例，＞ 2cm 者 21 例，有炎症、软组织撕脱式挫伤者 6 例。

（4）就诊时间：伤后 24 小时内就诊者 22 例，5 天内就诊者 12 例，10 天内就诊者 2 例，超过 1 个月就诊者 2 例。

（5）住院天数：最少 17 天，最多 132 天（该患者系煤矿井下工，出院即准备回矿山），平均 60.9 天。

（6）疗效：38 例患者均按我院治疗骨折的愈合标准按期愈合。其标准如下。

①股骨骨折：小儿 30 日起床锻炼行走，40 日解除固定，不使用拐杖可自由行走。成人 4～60 日离床扶杖锻炼行走，70～90 日解除固定夹板。

②胫腓骨双骨折：小儿 30 日离床锻炼行走，40 日解除固定；成人 35～45 日离床扶杖锻炼行走，60～90 日解除固定夹板，不扶杖可自由行走。

③肱骨骨折：成人 45～70 日，小儿 30～45 日。

④前臂尺桡骨折：成人 30～45 日，小儿 18～40 日即可解除固定，达到愈合。

前臂单骨折及小腿单骨折，以上标准日数随治疗酌减。

治疗方法

（一）伤口处理

不同类型的开放伤口，根据可见外表伤口的大小、形状，污染程度、时间的新旧、潜在的损伤的范围，伤口与骨折的关系，伤口与全身的关系来进行不同的处理。

1. 对＜ 2cm 的新鲜开放骨折创口，常用 1∶1000 的苯扎溴铵溶液（新洁尔灭液）由内而外清洗伤口，特别是对骨折端外露而污染者更要严密反复清洗干净可见的污物。清洗完毕用四层纱布浸新洁尔灭液覆盖伤口，再行正骨复位术。复位达到要求后揭去纱布，再清洗伤口一遍，然后贴上油膏。视骨端污染的程度和伤口所在部位软组织的厚薄，故考虑是否放置引流药捻。药捻包括油膏纱条、水皮纸药捻、丹药药捻、药线等。

2. 伤口＞ 2cm 或以上者，清洗伤口办法如前，但要求手法尤其要轻，切忌对伤口再造成不必要的人为损伤，对暴露之骨体与折端万勿再刮伤其骨表面组织。对部分已完全丧失成活可能的组织可适当剪除，但切勿剪去好组织，特别是紧邻筋膜、肌腱、骨体的组织。对于未剪除的残留坏死组织可置丹药药线，即可迅速生新去腐，使其剥落。除已脱出体外的碎骨外，一般体内碎骨均用手法使其归位。有油腻污染者可先用半干酒精棉球反复轻轻拭洗，去除油污后再冲洗。对出血的血管可压迫止血，在压迫止血不成的情况下可再用线扎。对不考虑缝合而又有大量渗血的伤口，亦可用中药止血粉外敷后加压包扎。待伤口清洗止血毕，照常法用新洁尔灭液纱布覆盖伤口，行正骨术。

整复完毕，在维持手法牵引对位的情况下，将伤口不完全缝合，在骨折口的下方置药捻引流，然后用油膏覆盖。若伤口在四肢部，则常用蝶形胶布对合伤口，对创口面较大的伤口一般不用线缝合。对已污染化脓的大面积创口亦不做缝合，可用药使其坏腐组织剥落，待新肉已长后，再用胶布牵拉，使其缩小创面，加速愈合。伤口经止血处理完毕，再复查一次骨的对位对线情况，然后再清洗伤口一遍，贴上油膏，并在伤口周围外敷接骨散后，用夹板固定。

3. 对于因骨折端脱出时将周围组织掏挖挫灭形成的空腔或较大的积血、积液腔，需先在其上置压迫纸垫或压迫纱布垫，迫其排出淤积，促其组织间互相紧密结合以利合口。如效果不佳，即暴露作切开排淤，一般切口在2cm左右，以防两层组织分离时间过久而致坏死。

如因延迟就诊或其他原因造成开放骨折已化脓的伤口，则视其是否为创伤性骨髓炎（化脓是否已达骨折口内），若无该情况则按上述办法处理，如有创伤性骨髓炎存在，则行正骨手法时更要万分谨慎，有时宁可不行手法复位术，而是靠固定夹板的作用力使其逐渐矫正成角或移位。若折端重叠，则用平稳轻巧的手法对抗牵引，纠正重叠或完全不理会重叠，力求对线良好，争取患者功能和形态的最大恢复，对其伤口则按不同病情置不同类的药捻或贴不同类的油膏。如遇不能成活的死骨，则用药捻使其自行脱落或用手法辅其脱出，对临床常见的如长期不愈并发瘘道的病理性骨折便采用该类方法治疗，收到较好的效果（固定骨折的同时促使死骨脱离排出而使骨病愈合）。

（二）正骨复位

采用师承的传统正骨手法复位，因其属开放性骨折，故更需谨慎。依据病情，了解伤口与骨折的关系，分清是硬伤（骨折）为主，还是软伤（软组织开放伤口）为主。更要熟悉病情，手法准确、轻快，刀尖稳妥，切忌强行追求对线而施行粗暴牵引、反复对位。

正骨手法均在未使用麻醉药物的情况下进行，故须手法娴熟，争取一次成功，做到患者觉痛骨已拢。

（三）固定办法

按中医常规清洗伤口，正骨复位，敷贴药膏完毕即行固定（以长骨为例），先用纱布绷带包裹4~5层。绷带的包扎并非单纯将绷带缠绕在肢体以上，即使对同一部位的开放骨折，其绷带包扎的松、紧、厚、薄，或对向用力，或分离用力，或内旋，或外旋，均须根据症状的不同而区别。包扎时配合放置不同形式的各种应力纸压垫，然后根据肢体的部位、形态及骨折的类型剪取适宜的瓦型纸夹板置于其上，然后再用绷带包扎。对极不稳定的单骨折、双骨折，除用杉树皮夹板固定外，部分患者还需做超关节固定。

（四）术后管理

患者入院后医生应每日亲自检查一遍，对血供不良的患者要一日数次，观察其脉搏、皮肤温度和色泽、知觉，术后血供改善情况。隔日换药一次，换药时须在助手牵引下进行，以防变位。

详细观察伤口及伤口周围组织，分泌物的多少、性质，然后根据其变化辨证施治。对部分陈旧大面积的创口，如无分泌物渗出则需对症施药，使其产生分泌物，以利愈合。对表面有张力性水疱者（一般大伤口开放骨折不易发生水疱）不须穿破水疱，可照常用药膏包扎固定 5~10 天即可自破结痂。根据肿胀的消退程度及时调整固定。

（五）药物运用与功能锻炼

外用药物如前述，并根据患者的局部和全身情况进行辨证施治，适时辅以内服药物以改善症状，促进愈合。

针对各类不同的开放性骨折制订不同的制动要求和活动要求，佐以利于恢复的功能锻炼，加速骨折和创口的愈合，以及伤肢功能的恢复。

典型病例

【案一】柳某，男，62 岁，天全河源乡人。1986 年 3 月 17 日就诊。

患者就诊前 2 小时被一倒塌的重物压砸致伤，伤口情况严重，前来我院就诊。

局部可见：右小腿下方胫前有一纵行 9cm×3cm 的伤口，胫骨面外露，创口流血，骨锐口突出体外约 1cm，创口无明显污物。

X 线片示：右胫骨一端呈粉碎性骨折，胫骨内侧可见长约 12cm×2cm 的三角形长碎骨片，在同一水平面上的腓骨呈短斜形骨折。

经伤口处理、手法复位、固定后收住院治疗。20 余日伤口痊愈，45 日下床锻炼，于 1986 年 6 月 1 日痊愈出院。经随访已经能参加农业生产劳动。

【案二】朱某，男，48 岁，芦山县芦阳镇人。

患者于 1986 年 8 月 5 日下午不慎被疾驰的载重手扶拖拉机碾伤两腿，在该地医院做简单包扎后急来我院就诊，来我院门诊时已近半夜 12 点。

局部可见：左小腿血污、扭曲、短缩畸形，小腿中段已完全丧失稳定性，可任意曲折，在小腿内侧可见一12cm×5cm的不整齐、呈擦烂状的伤口，创面泥污，胫骨端突出体外约3cm，折口碎块清晰可见，伤口尚在不断渗血。小腿外侧表面有碾擦表皮伤，清洗伤口时查见胫前有一被骨端挖空的空腔内有污血块、碎烂的肉屑，伤口可见小石块及沙粒嵌夹。

经反复清洗伤口，剪除部分擦烂的组织，用蝶形胶布松弛牵拉，稍缩小创面后行正骨术，然后贴药固定，并于第2日晨摄X线片显示：侧位可见呈粉碎性横断骨折，对位对线已达90%；腓骨呈短斜形骨折，对线良好，有轻微重叠。正位可见胫骨伤口外侧有一5cm×2cm三角形样骨片未复位及数块小碎片，对位良好，对线有成角；腓骨对线良好，有1cm的重叠，在折口部及下方5cm范围显示有多个大小不等的尖状异物。

在治疗中，经引流药捻及分泌物带出大如豆、小如碎米的多块砂石粒。治疗30余日伤口方愈合，住院2个月后可扶单夹棍行走，于1986年10月8日出院。出院时尚需固定夹板，嘱其回家休息，加强功能锻炼。11月初来院解除固定后，可行走自如。

【案三】何某，男，50岁，北川县人。

患者于7月19日被柴油机三角皮带绞轧致伤左前臂，形成一条大面积的深度撕裂伤并致左尺骨骨折。经当地医院行缝合术后固定，数日后伤口化脓，缝合后的组织溃烂坏死，经几家医院看过，称预后不良。患者遂专程来我院求医。

检查可见左前臂后侧有一约19cm×10cm的创口，创面溃烂化脓，可见有部分已断裂的肌腱残头和尚未坏死的肌腱裸露在外。创口沿周围有尚未剥离的焦痂或死灰色的坏死组织，创口周围肿胀，手腕、掌、指呈肿胀，色见暗紫红色，手背上有两条手术切口已无渗液。指端皮肤温度略高，感觉欠佳，但尚可轻微极小幅度活动。腕关节活动完全受限，桡动脉微弱。拍X线片复查，可见左尺骨上1/3处呈斜形粉碎性骨折，近端向远端、向前错位，对线尚可。

经采取以中医药治疗为主的原则，用去腐生新中药对创口进行治疗，以夹板固定骨折。住院57日后，腐坏组织已完全剥落，新肉芽已将暴露的肌腱覆盖。创面已完全平复，伤口缩小到10cm×4cm，手指已可握住小瓶，腕部可小幅度伸屈，肘关节伸屈正常，骨折部已无痛感。预计带中药回家自用已可痊愈，嘱其于 9 月 24 日出院。

讨论与体会

用中医伤科传统方法治疗开放性骨折，同样是遵循了局部与整体并重、外伤与内损兼顾、固定与活动统一的指导原则，其不同于治疗闭合骨折之处，关键在于解决好创口与骨折的关系。

中医认为皮肉为人之外壁，如室之有壁、屋之有墙，开放性骨折又称皮破骨碎，其肌肤破裂，筋肉洞穿，骨失完整。髓海直与外界相通，其犹如壁之有穴，墙之有洞，无异门户洞开，致邪毒极易内侵，引起病变多端。故在对开放性骨折的治疗上，既要求将大伤口用缝合和包扎加压、生肌等办法使其伤口迅速缩小，关门闭户，拒邪于外，又要将伤时已侵入之邪毒驱逐于体外，所以对伤口均不做完全缝合，以免酿成关门捉贼之势，发生邪毒内蹿之危险。在伤口上直接运用油膏敷贴，其意义正在于此，盖因既有清热祛毒之药遮捂伤口，以拒邪毒再入，又因油水不相融合，不易结痂（特别对小伤口、小引流口）而堵塞引流通道，不利渗液渗出，邪毒外泄。同时在换药时，又不致纱布粘连，撕坏新生组织，造成人为再损伤而影响生新，更有内置之药捻，具有祛邪排毒、祛腐生新之功，故在对开放性骨折创口的治疗上未并发感染。

对创面之认识亦自有其理：对创面所产生的分泌物，根据类型辨证调理。不管是浆性分泌物还是脓性分泌物，凡稍深点的创面均应有分泌物。如不产生分泌物，则如禾苗之无雨露滋养，新肉不易生，正所谓无脓不生肌也。有分泌物才正常，若无分泌物，就须对症用药，使其渗出，利于愈合。

陈氏骨伤科运用中医中药治疗开放性骨折的技术得自家传，对开放性骨折的中医中药治疗自有其一套理、法、方、药，其中正骨手法、药物的应用、创口的处理、固定的方法等都凝聚了前人的宝贵经验。

今所报道的 38 例开放性骨折患者仅反映了这段时间收入治疗的情况，尚有许多在门诊治疗的开放骨折患者未列入其中。

在所收治的病例中，有被车辆碾压、机械绞轧、巨重石砸伤、飞速运动异物洞穿、猛兽撕咬等直接暴力所致的，由外而内的开放性骨折。亦有因骤然跌仆，高处坠下等间接暴力所致的，由内而外的穿破开放性骨折。有受伤后即来我院求诊的新鲜伤，亦有几经辗转，迁延时日以致伤处已化脓、组织坏死，已伏有险情的陈旧伤。但通过传统办法的治疗，均全部达到了满意的效果，38 例患者除尚在治疗之中的患者，其余均已痊愈，先后走上工作、生产岗位。

中医对开放性骨折的治疗仅仅是祖国医学宝库中的一鳞半爪，而本人仅掌握其毫末，还有很多宝贵的经验有待日后努力去学习，认真去继承。

传统中医骨伤科经过长期临床实践和前人不断总结经验，形成了较完整的理论体系和特有的诊疗方法，在临床工作中需要准确运用，并结合吸收现代医学成果才能取得较好的疗效和不断创新发展。

中医骨伤科是中医学的一个重要组成部分。经过千余年的发展，在其历史进程中逐渐形成了许多流派和各家学说。中华人民共和国成立后，国家重视中医，对各地骨伤科名家正骨经验进行整理和继承，形成了较为完整的学术思想和理论体系。经过长期临床实践证明，这些理论具有高度的科学性、指导性和实用性。

在实际临床工作中有时很难准确运用中医骨伤理论，或是因实践认知的不足和差异，都将直接影响到诊疗效果。现就中医骨科临床中易忽略和存在的问题与同仁作如下探讨。

一、辨证施治不能忽略整体

中医认为人体是一个统一有机的整体，外伤与内损、局部与整体之间是相互作用、相互影响的。正如《正体类要》所说："肢体损于外，则气血伤于内，营卫有所不贯，脏腑由之不和。"这种局部与整体的统一观念是指导临床中医骨伤疾病诊治的重要原则，决不可忽略。

这种中医的整体观念早已被临床实践证明。现代医学研究的结果亦显示：机体遭受创伤后会产生一系列的变化，不仅有局部损伤，严重者还可引起复杂的全身反应，这些变化原本是机体的生理性和防御性反应，如应激反应、炎性反应等，但如过强或过弱则会出现继发性损害。且机体因损伤刺激后的应激反应常是多元化的，严重创伤后多引发机体神经、内分泌和免疫三大调节系统的连锁反应，造成脏器代谢紊乱、功能障碍，甚至衰竭。所以在临床工作中，在损伤的治疗过程中，均应从整体观念出发加以分析，既要重视局部肌肉筋骨的外在损伤，又要对外伤引起的气血、津液、脏腑、经络功能的变化加以综合分析，才能正确认识损伤的本质和病理的因果关系。在临床中经常存在和易忽略的问题就是没有将整体观念贯穿于疾病的整个治疗过程中，对因损伤而导致身心因素的变化、影响认识和考虑不深入。在临床中常见的是急重症损伤患者，因伤情较重、痛苦大、卧床时间长、禁忌要求较多，故对人体心理、情绪方面的影响较为严重，特别是对内向性格和易激动的患者尤为突出。如患者情绪急躁或过度忧虑，总觉得非常担心和惧怕，反映出与临床检查严重不相符合的症状，如在某一局部出现非常强烈的异常疼痛，总感觉夹缚不牢固而不敢锻炼，胸腹腔有异物游动感或怪异感等。对于这些情况，仅从损伤着眼进行常规治疗疗效往往不佳，并直接影响患者的身心恢复和预后。如果从整体辨证入手，从调整心因的角度治疗，则问题能迎刃而解，常会出现立竿见影的效果。

不仅中医骨伤科如此，如果把中医整体辨证施治观念联系到现代医学模式来看，不难发现两者之间的共性、相容性和内在的联系。现代医学模式即现代生物 – 心理 – 社会医学模式，在治疗上亦要求能从整体出发，不仅要注意调整人体内环境的动态平衡，还要调整心理与生理这一整体系统的心身稳定状态，更要调整人与自然环境的适应稳定状态，以便对损伤而致的心理变态和身体病变进行综合治疗和调节，使人在精神上、身体上、社会上全面康复，处于完好状态。

二、对中医骨科动态观念的认识和把握应准确到位

中医"动静结合"的治疗原则是对中医骨科固定与活动这一矛盾对立统一关系的精辟概括与认识。动则通，能促进气血流通，濡养关节，避免关节粘连，有利于关节功能的恢复。微动有利于骨折的愈合，也是骨折修复的重要手段。静则是相对的，有利于软组织及关节在静止状态下得到修复，有利于关节功能的正常恢复，防止后遗症。

在临床上，因损伤后固定时间过长或活动锻炼不到位，致肌肉、关节囊萎缩，关节、肌筋膜粘连、萎缩，关节僵硬、功能障碍及骨质疏松不愈合等问题比比皆是。轻者延长病程，影响恢复时间，增加不必要的经济负担，重者可给患者造成终身痛苦和遗憾。当然造成功能障碍、骨质疏松、骨不愈合等还有其他一些相关的因素，但要避免上述问题的出现，就应在骨折经手术或手法整复后有明确的功能活动计划和要求，并努力落实到位。

　　动与静既是对立的，又是统一的，没有相对的静止状态，组织就无法修复；没有恰当的运动和功能活动，组织、关节就无法恢复原有的活动功能。对骨折来说，在一定的可控范围内合理活动可使骨折断端得到有益于愈合的间断性生理应力刺激，从而促进愈合。有些手法不能完全复位的骨折，通过早期和特定持续的功能活动锻炼，可起到一定的复位和矫形作用。对某些情况特别的、功能与对位不能两全的骨折，只能选择早期加强功能修复锻炼，通过肢体肌肉收缩的内在动力，以塑造新的功能活动模式而舍去对位，取得功能的最大恢复。

三、不宜过度追求骨折的解剖复位

　　中医治疗骨折的首要目的是恢复患者的肢体功能，其次是外形，而不仅仅是恢复其解剖位置，对骨折的治疗效果着重以功能上的成功与否来衡量。我国著名中西医结合骨伤科专家尚天裕教授亦认为："功能是骨折治疗的生命。"

　　在临床实践中并不是所有的骨折都要解剖复位，或者有移位的骨折就必须复位，达到解剖复位不一定比非解剖复位的最终功能恢复好、恢复时间短，关键是对骨折复位适应证的选择要准确，这就需要医生有丰富的临床实践经验，尽力做到在不影响功能恢复的前提下争取良好的复位是中医骨科的复位原则。临床上常有因过度追求解剖复位而反复进行多次手法整复，导致骨折部齿状面的破坏及血管神经软组织损伤加重；或不明机制时进行暴力整复，破坏了骨折内在的稳定性和有利因素，造成固定困难或反复移位，以致骨折延迟愈合或不愈合，或出现功能障碍等。如果对复位时机把握不好，在肿胀及软组织损伤较为严重时复位，很可能造成筋膜室综合征等严重后果，造成不必要的人为伤害，影响恢复。如果由于创伤本身的严重性、广泛性和复杂性，在患者受伤肢体功能难以完全恢复的情况下，首先应考虑患者主要功能的恢复，其次才是复位乃至可放弃部分骨折的对位，争取保留功能形态的最大恢复，不能以损失功能的代价而换取骨折的对位。

　　有些骨折虽然有不同程度的错位，但并不一定需要复位，通过中医的辨证治疗，其功能形态的恢复与解剖对位的最终治疗结果并没有显著差别。作为骨伤科医务工作者，应该努力争取患者受伤肢体功能的完全复原，准确把握好骨折对位与功能修复的辨证关系。

四、传统特色优势应注意加强

中医的传统手法复位、小夹板固定、中医中药治疗开放性骨折等方法和治疗手段都是中医骨科传统特色优势，简便易行，无创伤，无手术风险，痛苦少、花费少、愈合快，充分体现和突出了中医骨科简、便、验、廉的特点。虽然其细微变化的作用机制在目前还不能被现代科学完全认知清楚，但实践证明传统疗法的优势是十分突出的。但随着社会和现代医学的发展，传统中医骨科治疗优势也面临十分严重的挑战。

传统中医骨科的治疗方法有优势，也有自身的不足，外界不良的社会环境因素、紧张的医患关系、过高的期望值，以及各种复杂的影响因素，都对传统中医骨科造成较大的冲击和不良影响。再者，从事中医骨科的医生缺乏自信，致使传统中医骨科的特色优势技法应用范围越来越小，实践运用的机会逐渐减少，传统特色的优势被弱化。临床中大量存在手术适应证选择不合理的情况，许多用传统方法就能解决的问题，转而选择不合理的手术治疗，既增加了患者的经济负担，也浪费了宝贵的医疗资源，更不利于传统医学的进步和发展。其实传统骨科能生存到今天，被社会认可，被广大患者所接受，必然有它自身存在的理由和价值，绝不应丢弃优势。

五、传承与兼容

现代医学快速发展，科技日新月异，怎样才能让传统中医骨科的优势不被现代医学的发展、社会的进步、内外环境的改变和来自于各种因素的影响所湮没，并使之发扬光大，是摆在我们面前的一个重要问题。

中医骨科要发展、创新，首先要传承传统中医骨科的特色属性，去粗留精。传承不是目的，是为了在传承的基础上不断吸取现代先进的医学知识、成果，充实、丰富、提高传统骨科的内涵。要发展、创新，必须开放兼容，融会新知，不断探索，与时俱进，将中医骨伤科的发展置于整个现代科学的大背景之下，主动地兼容现代科技成果，并加以融合创新和运用，这样才能不断促进骨伤科理论和实践的提高和发展，不断升华。通过一代一代人的共同努力，不断践行，使中医骨科这门传统而古老的学科焕发出新的生命力，为人类作出新的贡献。

六、经验的书面总结

陈氏骨科的经验和理论主要总结记录于家族秘传的《正骨三字诀》抄本中。如抄本提出，骨科诊断治疗需要"重辨识""明常态，方知变""心参悟，手始从""理不明，法难施""劲不合，力不实""力不着，治无功""近节处，常转活；动宜早，迟筋缩。时伸屈，常起落；精辨识，苦早脱"，体现了陈氏骨科的学术理念。在此理念的主导下，陈氏传统骨伤科有其独到的见解与手法，其传人也将这些理论和总结不断深化和发展。如对小儿肱骨髁上骨折，在传统的分型上有自己独特的见解与突破，肱骨髁上骨折是儿童肘部最常见的损伤，尤其多见于10岁以下儿童，这些在骨伤科论著中已有详细的报道。但在临床治疗肱骨髁上骨折的过程中发现了一种尚未见诸报道的特殊类型，难以通过手法整复。

通过大量的分析研究（心参悟）发现，当患者自高处跌下或走路奔跑跌倒时手掌撑地固定，如果躯干和上臂、前臂之间产生了一相对的旋转，同时由于附着于髁上部的前臂肌群的牵拉，骨折两断端之间可产生一旋转暴力，如果此暴力损伤了鹰嘴窝和冠状窝之间这一层较薄的骨片并贯穿了骨折产生的整个过程时，可导致骨折远端发生旋转错位而形成一种特殊类型的肱骨髁上骨折，即骨折远端和近端之间发生相对的旋转错位，并在鹰嘴窝和冠状窝之间的肱骨最薄弱处形成近"十"字嵌插。根据其骨折两断端之间的特殊关系，将这种特殊类型的肱骨髁上骨折称为"旋转嵌插型肱骨髁上骨折"，与常见的伸直型、屈曲型及粉碎性肱骨髁上骨折相鉴别，并进一步总结其临床特点：患者多为儿童，有明显外伤史，肘部肿胀疼痛，肱骨髁上处有明显压痛、功能障碍，但肘关节尚可保持一定程度的被动活动。因为两断端之间相互嵌插，所以不见明显的靴状畸形（伸直型肱骨髁上骨折多见），而仅见肘前部或后部皮下瘀血斑。在肱骨髁上内后缘或外后缘常可扪及骨折近折端的断端。如在内后缘扪及骨折近折端的断端者称为旋前嵌插型，在后缘扪及者称为旋后嵌插型（以骨折近折端相对于骨折远端的旋转方向为据）。

　　肘关节 X 线正侧位片可显示此类骨折的特殊性。由于两断端在鹰嘴窝和冠状窝之间的肱骨最薄弱处形成近"十"字嵌插,当旋转前臂时,被肘关节所带动的远折端以近"十"字嵌插的交叉点为轴心做旋转运动而抵消了这一力量,故无法带动较大的近折端随之旋转,因此用常规方法拍摄的肘关节 X 线正侧位片上就无法拍到近折端的侧位影像(即近折端在矢状面上的投影),也就是说,在用常规方法拍摄的肘关节 X 线正侧位片上,无论前臂处于正位还是侧位,都只能得到近折端的正位或侧位影像。另外在鹰嘴窝和冠状窝附近常可见到细小的骨碎片(重辨识,明常态,方知变)。

　　分析总结出病机病理后,才能形成正确有效的整复手法。由于骨折远端较小,无法握紧而实施较大的牵引力,通过肘关节传达的牵引力会使关节囊更加紧张,导致两断端之间的相互嵌插更为紧密而无法解脱,进一步加大复位的难度,故传统的整复手法往往难以奏效。

　　陈氏骨科通过大量的临床实践,摸索出了一套行之有效的整复手法,取得了满意的疗效。以右侧旋前嵌插型骨折为例,患者仰卧,肘关节处于近伸直位,一助手握紧患者上臂,术者右手握患者前臂近肘处,左手拇指推内髁上(可扪及骨折近折端处)作为支点。术者先顺势使肘关节进一步内翻,加大两断端之间的相互嵌插在外侧缘的间隙,然后突然发力使前臂旋前并将肘关节过伸,同时助手用力将肱骨近端旋后,此时可将两断端之间的旋转嵌插解脱,将骨折变为单纯的前后错位的伸直型肱骨髁上骨折,此时再用传统的整复伸直型肱骨髁上骨折手法整复即可。如为旋后嵌插型骨折,整复手法亦然,只是解脱两断端时的用力方向与前述旋前型者相反而已。然后再根据旋转嵌插型肱骨髁上骨折的不同情况(旋前嵌插型骨折解脱后多为伸直桡偏型髁上骨折,而旋后嵌插型骨折解脱后多为伸直尺偏型),在手摸心会的基础上按照原则加以固定,注意防止肘内翻或肘外翻畸形的发生。

　　陈氏提出的"重辨识",指的是临证首先要详细问诊。到伤科求治的患者有伤因明显、症状清楚的单纯伤病,也有可能与损伤毫不相干,但病家误以为是损伤所致的疾患,在旧时的医疗条件下,先分清是损伤所致还是其他疾患所致是至关重要的第一步。即使是单纯的伤科患者,因其在受伤之前禀赋、体质强弱各异,且各类损伤有轻重之分,所以损伤之后的症情受诸多因素的影响,也会表现出不同的症状和发展变化。

"明常态，方知变"，虽说伤筋折骨为有形之疾，但所谓"常"，不仅是人体可查可见的正常解剖结构、外观形态、活动功能等具象，还有情志因素、环境影响等不可见的意象，故于临证时须做细致入微的观察，不断总结积累检查经验，观察得越细致，了解得越深刻，才更有可能捕捉到别人未发现的细微变化，才能清楚地判断伤情的变化和预后，才能分清标本，辨明虚实，判断善恶。知常达变才能做出精准的诊断。

现代医学发达的检查手段能提供损伤内在的直观清晰的具象，但它仅是伤情某一阶段瞬间静止的表现，并不能完全反映其整体复杂的变化过程，更不用说诸多不可见的变化。所以必须以传统的望闻问切（特别是摸诊）为宗，结合现代检查手段做印证并着重分析，进一步深化四诊经验，绝不可因有现代的检查手段可凭而予以忽视或弱化传统的检查和辨证。

正骨首在心法，心法要先于手法，医者要有仁心方能有仁术，为医不为利欲所蒙，不为虚名所陷，要存利济天下之心方能达高远，要博思多学，不仅要学师承，精熟师法，还要多学习各家各派之长，更须向现代医学学习，借鉴现代医学成果，旁涉其他相关的学科知识，以丰富和深化传统的中医伤科。

"心参悟，手始从"，心法之要在参悟。前人虽有师法垂范，不论是正骨诸手法、治筋诸法、夹缚固定之要，全在运用之变化，施手法时的轻重、徐疾，力道的大小、方向，分寸之拿捏，数法合力之协调与机宜，治筋之强筋固骨，或展筋以镇痛，或舒筋而活络，当何以用则不可尽言。故首先要对法有深入的理解，知其堂奥，进而在实践运用中反复印证，总结得失而积累经验体会，积水而成渊，妙境自生则悟。

"理不明，法难施"，强调对伤因伤机要有充分的理解。"劲不合，力不实；力不着，治无功"，对其所施合乎其伤机的相应手法时，强调手法的力道要合病，力点要准，轻重徐疾要恰到好处。

骨折的固定与否或固定时间的长短，不仅是考虑骨的恢复，更是重视筋的治疗。如近关节部位的骨折，为了保证关节活动和功能的完全恢复，都是要把治筋作为首务，所以不主张过度固定，只要不影响骨的支撑和关节的稳定，乃至从治疗伊始就不予固定，转而施以舒筋活络、时时伸屈旋转的治则。即使需要完全固定的骨折，在治疗之初也要把治筋摆在与治骨同等重要的位置，强调在辨证的指导下进行部分范围、强度适宜的筋的活动，随恢复情况逐渐加大幅度和强度，并详尽指导功能锻炼来促进恢复。所以《正骨三字诀》说："近节处，常转活；动宜早，迟筋缩。时伸屈，常起落；精辨识，苦早脱。"

　　陈氏骨科十分重视情志因素对治疗和康复的影响，深知患者乐观自信的心态对损伤的恢复有无比积极的影响，因此，不但要详尽地向患者解释病情，而且要能准确判断预后，消除患者的心理障碍，使患者树立战胜伤病的信心，并在医者的指导下积极配合，早日康复。

学术传承

川派中医药名家系列丛书

陈怀炯

陈氏太祖明末由湖北入川，居夹江数代后，于清乾隆年间定居天全。从高祖以下世代均有武学流传，所宗为峨嵋僧门派武功，随同武学一起传承下来的是精湛的正骨疗伤方药和技术。旧时天全地处偏远边隅（出西境即是藏区），康藏公路未修通前几乎与世隔绝。陈氏武学与医术虽不能远播，但在清代已享誉一方。著名历史地理学家任乃强先生所著"民国川边游踪"之《天芦宝札记》中就简述了陈氏祖上的武功，赞其医术，颂其倡种药材牛膝之功。

随着冷兵器时代的结束，武学传承渐渐淡出，而正骨疗伤术成为传承的主流。至陈氏入川后第十三代祖陈寅七时，就专以正骨疗伤为业了。

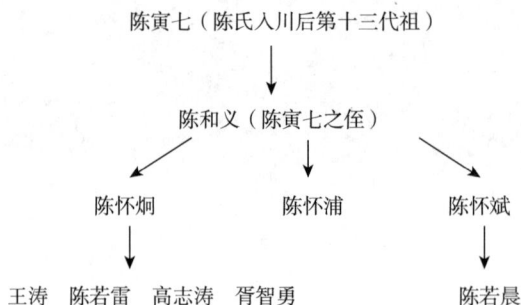

陈寅七（陈氏入川后第十三代祖）

↓

陈和义（陈寅七之侄）

↓   ↓   ↓

陈怀炯   陈怀浦   陈怀斌

↓   ↓

王涛　陈若雷　高志涛　胥智勇   陈若晨

陈寅七（1886—1951），从小随祖上习武学医，因治伤医术精湛，求医者日众，遂以之为业。时值地方动乱，匪风日嚣，百姓受扰，天全虽不足十万之民，但因争斗无宁日，致罹患者甚众。陈寅七以祖传疗伤方药竭心救治，治愈无数刀砍枪击所致开放性骨折、跌仆损伤的患者。更因轻财重义，一心治病，赢得了很好的声誉。

陈和义（1914—1968），陈寅七之侄，从小随伯父学习家传中医骨伤科，是寅七伯父的得力助手。他虽然仅读过几年私塾，但极具科学的理性认知。家传正骨疗伤术历来是秘不示人的，经世代口传心授而流传，药方精要处也须口授，药物制炼都要亲传，在一定程度上影响了更好地传承。陈和义梳理了家传记述，提出了家传正骨法之精要，如"正骨法，靠身功"，明示正骨之法与术者功力的密切关系。很多整复手法源于武学中的克敌致残手法，将其反用，则为一气呵成、瞬间整复的精到手法。强调"医理明，方法通"；临证一定要"知关节，明部位""分标本，辨善恶"；着重指出"理不明，法难施，力不着，治无功"。正骨时则要"聚神气，意归一，知顺逆，明巧拙"等重要的临证要诀。凝练了众多的药方，去其繁冗，择其精要而用，奠定了现在陈氏骨科外治所常用药物的完整体系。充分体现其简便、效廉的优势。经他承前启后的努力，使得陈氏传统骨伤科得以有序传承。其侄陈怀炯、陈怀浦，其子陈怀斌受其教导，恪守轻财重道、一心治病的祖训，在继承传统的同时融会新知，不断地开阔视野，将传统骨科进一步发扬光大。

陈怀炯（1944— ），副主任医师，陈氏骨科学术带头人，四川省首届十大名中医之一，凭着热爱、执着和良好的悟性，在前辈的教导下刻苦钻研中医理论和骨伤科传统医疗技术，认真实践，精益求精，通过不断总结、探索，完整地保存并发扬了祖传的中医手法复位、小夹板固定治疗骨伤科疾病技术。陈怀炯的骨伤医疗技术独树一帜，受到同行和专家的好评，被成都中医药大学聘为客座教授，对传承发展祖传中医骨伤医疗技术起到了承上启下的作用。

一个高尚的人，一个纯粹的人，一个有道德的人，一个有益于人民的人，这是陈怀炯几十年如一日正在努力实践的人生信念，也是广大患者、人民群众对他公正的评价。

陈怀浦（1948— ），副主任医师，雅安市名中医，陈氏骨科主要学术传承人，1948年8月出生于天全县城厢镇，1966年中学毕业后正式随其叔父陈和义、兄陈怀炯一起学习，从事祖传中医骨伤医疗技术，2011年退休，从事中医骨伤医疗事业45年。40余年来，陈怀浦刻苦学习、钻研中医基础理论和骨伤诊疗技术，坚持救死扶伤、治病救人的医疗宗旨，运用陈氏骨科技术进行临床诊疗实践的能力在本地区及甘孜藏区达到领先水平；对骨伤科各种急重病症、疑难病症、各类筋伤、老年性骨病等病症的治疗有较高的造诣。陈怀浦完整地继承了陈氏骨科传统手法复位、小夹板固定治疗各类骨折、损伤及外科疾病技术，是天全县中医医院中医骨伤科学科带头人之一。

陈怀斌（1959— ），副主任医师，雅安市首届十大名中医之一，现任天全县中医医院院长，县政协副主席。四川省中医骨伤科专委会第四、五届委员，第六届常委。雅安市中西医结合学会副会长、中西医结合骨科专业委员会荣誉主任。他曾先后获得"雅安市十大名中医"和"雅安市劳动模范"称号。传承和发展了陈氏骨科学术思想及技术，是陈氏骨科主要学术思想及技术带头人。

陈怀斌1959年6月出生于天全县城厢镇，自幼随父耳濡目染。1975年正式随其堂兄陈怀炯学习祖传中医骨伤医疗技术；30余年来，他坚持仁心仁术、以人为本的理念，刻苦学习、钻研中医基础理论和骨伤诊疗技术，对开放粉碎性骨折、关节骨折、骨折伴脱位、多发骨折、骨不愈合及延迟愈合、子弹洞穿伤、各类筋伤、老年性骨病等病症的治疗有较高的造诣。

陈怀斌在医院的建设和发展规划中，注重传统中医与现代医学的结合，运用中医理念主导手术，中西医并重发展。近几年，带领天全县中医医院骨伤科对祖传秘方、验方用药进行了研究、优化、筛选，并对传统剂型进行了改进，开发出多种骨伤科中药制剂品种和剂型，并取得了院内制剂批准文号。因其疗效独特，费用低廉，深得藏汉患者的赞誉，为医院的长远发展，打下了更坚实的基础。

王涛（1964—　），男，汉族，主任医师，1981年7月起随陈怀炯随诊，至今30余年，倡导"学道于经典，闻道于百家，悟道于通化，成道于临床，创道于包容"的学术观点，作为传承人，总结了陈师部分临床经验。

重视摸法，及时准确复位：陈氏强调"以手扪及，以悉其情"，因为即使在CT、MRI广泛使用的情况下，也不可单纯依赖影像学资料而贸然施行手法，应摸清损伤疼痛、肿胀范围及程度，以及肌肉紧张度、关节外形与活动情况等，在摸法的基础上熟悉患者全身整体情况，参考损伤局部病变部位结构、生理解剖特点及检查结果综合判断，辨证选择合适手法。最后，手法要达到"稳、妥、准、巧"，操作时迅捷、省力、准确。如果整复不成功或不满意，必须寻找原因，找到症结所在，才能正确复位。

切实有效的固定：骨折固定应遵循弹性固定的三准则，即固定稳定、非功能替代、断端生理应力，是衡量固定方法优劣的基本标准。在固定方法上用重叠夹板配合肩肘带加连体固定治疗肱骨干骨折。复位后根据骨块移位方向及成角情况，用二垫法或三垫法置压垫，用内层纸壳夹板固定，再用长度适合的夹板，上1/3超肩关节，下1/3超肘关节，绷带包扎，3根扎带固定，然后根据骨折性质决定对向加压时间和力量大小。横断骨折及粉碎性骨折复位后即行加压，但横断骨折力量宜大，粉碎骨折力量宜小，斜形、螺旋及粉碎性骨折还可在骨折复位后2~3周再决定是否加压。加压用弹力肩肘带，上压肩峰，下压鹰嘴，中间是弹力松紧，最后用纱布绷带缠绕数圈，将上臂连体固定于胸部，使肱骨中轴与人体纵轴平行。骨折向外成角则自骨折部连体。骨折侧向或向内成角，则自肘上连体。根据上述原理，我们用腋板加纸抱壳加连体固定，治疗肱骨外科颈骨折，固定更有效，活动更自如。

合理练功：保持关节活动是治疗骨折的最终目的，但也是治疗的重要方法。动则通，能促气血流通，濡养关节，可阻止肌肉萎缩，避免关节粘连，有利于肢体和关节功能的恢复，也是骨折修复的重要手段，骨折能否快速愈合，关键在于如何有效活动。小夹板固定给骨折断端提供相对稳定的修复力学环境，允许骨折断端有纵轴上的微动，这种活动对骨折愈合是有益的，可促进血肿吸收，骨膜反应性增生，骨细胞分化提高，血管再生丰富，骨痂生长及钙化迅速，骨折愈合时间提高。例如桡骨远端骨折，复位固定后即可作伸指握拳活动，1周后作抬肩、伸肘运动，1个月后才能屈腕、伸腕、旋转活动。

规范量化了具体要求：①每10分钟做5~10次握拳伸指活动。②1周后掌指关节能伸直，拳能握紧。③4周后握拳有力，肩上举正常。④8周后手指活动较灵活。

通过练功治疗，患者活动达到要求，骨折愈合更快，同时也预防了手肩综合征发生，更能体现医患合作。

必要的用药：针对骨折及其所带来的局部和全身反应的治疗，给予必要的内外用药，在辨证论治的基础上贯彻筋骨并重、局部与整体兼顾的重要手段。

具体方法：外用药，在固定期间外敷赤青软膏，解除固定后外贴活血止痛药，后期以加味回阳散熏洗。内服药，按骨折分期治疗，如果肿痛消退较快，提前使用后期补肾壮筋药物，以达到整体功能的最好恢复。

胥智勇（1965—　），男，汉族，于1983年9月拜师陈怀炯学习中医正骨。在跟师陈怀炯学习中医正骨的过程中，对陈氏骨伤力道（指用力的方法与技巧）尤有体会。

胥智勇的骨折脱位整复力道观是力巧、力脆、力硬。

力巧是指发力越小越好，力脆是指发力干净利索，力硬是指用力坚固可靠。

要做到这点，在骨折脱位整复中除施以必要的手法外，还可借助各种辅助工具（如适度大小及长短的木棒、竹板、竹筒及铁圈等），如肩关节脱位中借用木棒帮助复位，肱骨髁上伸直型骨折的整复中使用竹板帮助复位，借助竹筒整复第5掌骨远端骨折，借用铁圈整复小儿指骨末节骨折，借助木棒整复髋关节后脱位，借助竹筒整复距下关节脱位等。整复骨折及脱位要善用可用之材，用尽该用之力，用力需巧，发力须脆而硬，才能收到满意的整复效果。

高志涛（1972— ），男，骨科副主任医师。于1997年8月开始一直在陈怀炯身边学习。

高志涛在治疗骨伤症时，注意根据患者的气血虚实进行施治；并根据陈氏的学术思想，改进了小夹板和固定纸垫。手法复位、小夹板固定是陈氏骨科的一大传统优势，纸压垫又在小夹板固定中具有十分重要的作用。在四肢骨折手法整复后的小夹板固定中，夹板内的纸压垫是防止骨折再移位、矫正残留畸形、巩固复位成果的重要辅助器材。在骨折的外固定治疗中，骨折虽然经过手法整复成功，但是在骨折未完全愈合之前，错位的力依然存在，特别是不稳定骨折，随时都可能因肌肉牵拉、重力作用、固定不当等导致再次错位，这就需要骨折部位必须维持有效的外固定。在较长的固定期中，小夹板内的纸压垫显得尤为重要。高志涛和老师一起，针对不同骨折，将纸压垫做成各种形状（如平垫、高低垫、分骨垫、梯形垫、塔形垫、异形垫等），临床根据骨折的错位方向来确定用什么形状的纸压垫、放置在什么地方，通过纸压垫的放置配合小夹板固定来维持复位后骨折位置的稳定性，从而形成陈氏骨科的一大特色。

陈若雷（1976— ），男，汉族，副主任中医师，1998年7月成都中医药大学毕业后师从父亲陈怀炯，至今已近20年，对家传陈氏骨科在继承的基础上做了大量的发掘整理工作，并加以发扬。

陈氏骨科经几代人的传承，其精髓主要体现在对每一病例都要认真仔细地辨证应对，采用个性化诊治方法。不仅要辨识伤因伤机，还必须辨识伤者的情志、社会环境、地域差异、经济状况差异等，在陈氏秘传《正骨三字诀》中，全面彰显了古老传统的中医骨伤科对损伤的认识和诊疗精要。陈若雷对此体会尤深，他认为现代骨科医生需要清楚认识到传统骨伤科的优势和长处，但更要了解自身的不足，重视现代医药的进步和长处，不能因传承而泥古，也不以求新而偏废传统，要将新知有机地融合于传统之中，以丰富的传统经验做指导，不断提高、发展、弘扬传统伤科。

陈若晨（1986— ），男，汉族，主治医师，2013 年 6 月毕业于成都中医药大学，中医骨伤科硕士。2015 年 6 月跟随伯父陈怀斌系统学习陈氏传统骨科理论。

陈氏骨伤科对医者"感知"要求严格，在这种背景下发展起来的传统中医骨伤科虽然可以在没有现代设备的情况下诊治骨伤科疾病，但是对医生的经验要求却非常高。比如在解除外固定的时候，什么时候可以解除外固定，作为接受过现代医学系统教育的陈若晨认为骨折临床愈合后即可解除外固定，但陈氏骨伤科《正骨三字诀》中的描述是："若七七，骨已合，无闪动，力可着。"其实就是两条：一个是骨折后的时间，另一个是查体试力。时间是一个重要参考项目，但根据实践，查体试力更为重要。

陈若晨认为，陈氏骨伤科理论也有传统的局限性，在发展中应该深入引进现代医学的理论，在医学飞速发展的今天，中医不能故步自封，当博采众长，取其精华，去其糟粕，充分利用 X 线、CT、磁共振等先进手段。在临床上，要对"用什么理论为指导"做到心中有数。有些时候中西医又是殊途同归的，如中医处理创面有"无脓不生肌""煨脓生肌"理论，而西医则要求保证创面清洁，在其看来，中医的"煨脓"理论是不可想象的，但是在临床上，只要采用中医理论为指导原则，运用合理，同样能收到良好的效果。传统的中医疗法和现代医学方法都是在历史长河中经过大量实践总结出来的两只瑰宝，出发点都是治病救人，面对病患，医者只需做到精准选择、扬长避短即可。

学术年谱

川派中医药名家系列丛书

陈怀炯

1944 年 10 月　出生

1958 年—　随叔父学习家传骨伤治疗技术

1959 年—　参加工作

1960 年—　负责天全县城关陈氏骨科诊所

1975 年—　城关镇卫生所工作，任院长

1978 年—　天全县城关镇外科医院，任院长

1981 年—　天全县中医医院工作，任副院长

1990 年—　天全县中医医院工作，任院长

2005 年—　天全县中医医院退休，返聘工作

1987 年 3 月—2006 年 12 月，曾连续担任天全县政协第二、三、四、五、六届副主席

陈怀炯诗一首

风雨二郎青江边，

传承医术济人间，

川西百姓齐呼唤，

且喜佗扁代代传。